家庭服务业规范化服务就业培训指南

中国家庭服务业协会推荐

家政服务工程适用教材

校外托管机构（午托班）管理

万梦萍 匡仲潇 主编

中国劳动社会保障出版社

图书在版编目(CIP)数据

校外托管机构（午托班）管理/万梦萍，匡仲潇主编. —北京：中国劳动社会保障出版社，2013

（家庭服务业规范化服务就业培训指南）

ISBN 978-7-5167-0206-2

Ⅰ.①校… Ⅱ.①万… ②匡… Ⅲ.①校外教育-教育组织机构-教育管理-指南 Ⅳ.①G77-62

中国版本图书馆 CIP 数据核字(2013)第 061245 号

中国劳动社会保障出版社出版发行

（北京市惠新东街 1 号　邮政编码:100029）

出 版 人:张梦欣

*

北京市白帆印务有限公司印刷装订　新华书店经销

787 毫米×1092 毫米　16 开本　14 印张　226 千字

2013 年 4 月第 1 版　　2020 年 1 月第 10 次印刷

定价: 28.00 元

读者服务部电话:(010)64929211/84209101/64921644

营销中心电话:(010)64962347

出版社网址: http: //www. class. com. cn

家庭服务业规范化服务就业培训指南系列丛书

丛书顾问

韩　兵：中国家庭服务业协会法人代表、副会长

刘福合：国务院扶贫办政策法规司司长

丛书专家委员会（排名不分先后）

黎学清：中国老年事业发展基金会副秘书长

万建龙：江西省就业局局长

李国泰：广西壮族自治区就业局局长

丁建龙：四川省广元市劳动就业服务局局长

石　军：北京市门头沟区妇女联合会主席

滕红琴：北京市门头沟区妇女联合会副主席

薛大芃：中国家庭服务业协会副会长兼秘书长

庞大春：中国家庭服务业协会监事会会长

李大经：中国家庭服务业协会副会长、北京市家政服务协会会长

胡道林：中国家庭服务业协会副会长、宁波市家庭服务业协会会长、海曙81890服务业协会会长

陈　挺：中国家庭服务业协会副会长、广东省家庭服务业协会会长

李春山：中国家庭服务业协会副会长、吉林省家庭服务业协会会长

杨志文：中国家庭服务业协会副会长、陕西省家庭服务业协会会长

沈　强：中国家庭服务业协会副会长、吉林农业大学人文学院院长、家政学系教授

马燕君：中国家庭服务业协会培训部主任

黄学英：山东中医药高等专科学校护理系主任、教授

郭建国：中华育婴协会会长

董蕴丹：辽宁省家庭服务业协会会长

陈　华：湖北省家庭服务业协会会长

周珏民：上海家庭服务业行业协会副会长

曹　阳：辽宁省家庭服务业协会秘书长

孙景涛：深圳市家政服务网络中心总经理

卢震坤：深圳市家庭服务业协会秘书长

谢　敏：深圳市深职训职业培训学校校长

夏　君：全国服务标准技术委员会家庭服务工作组委员

本书编写人员

主编：万梦萍　　匡仲潇

参编：(排名不分先后)

滕红琴	刘　军	张　曼	万映桃	向春丽
刘权萱	蔡定梅	孙丽平	马秀华	马德翠
杨　丽	段青民	杨冬琼	柳景章	曹　阳
谢　敏	黄　河	林友进	林红艺	段利荣
段水华	陈　丽	贺才为	江美亮	滕宝红

序 言

随着国民经济的发展与人民生活水平的不断提高，人民群众对社会化家庭服务的需求越来越旺。党中央、国务院及各级政府十分重视家庭服务业的发展，为家庭服务业的发展指明了道路。温家宝总理2010年9月1日主持召开国务院常务会议，研究部署发展家庭服务业的政策措施，其中重点提出：加强就业服务和职业技能培训。《国务院办公厅关于发展家庭服务业的指导意见（国办发[2010]43号）》提出：把家庭服务从业人员作为职业技能培训工作的重点，以规范经营企业和技工院校为主，充分发挥各类职业培训机构、行业协会以及工青妇组织的作用，根据当地家庭服务市场需求和用工情况，开展订单式培训、定向培训和在职培训。

大力发展家庭服务业，不仅可以缓解就业压力，调整经济结构，促进经济平稳较快增长，而且可以满足人们日益增长的生活服务需求。当前，我国工业化、城镇化、市场化建设加速发展，既给家庭服务业的发展提供了最佳机遇，也将使累积的矛盾和问题重重呈现。这就需要我们从事家庭服务业相关工作的决策者、管理者、企业经营者，开动脑筋、发挥集体的智慧，积极探索行业发展规律，改进和创新工作方法，从行业发展、管理服务入手，紧紧抓住技能培训、促进就业等多个环节，系统总结和推广各地的好经验、好做法，提升从业者的就业素质和技能水平，提升行业管理水平，走出一条符合中国实际的家庭服务业发展道路。

“家庭服务业规范化服务就业培训指南”系列丛书第一套出版后，得到社会的广泛好评，更激励了作者及时总结经验，更新培训内容。第二版除根据家庭服务业的发展情况和读者的反馈，修订、补充了部分内容，还扩充了早教师、护工、催乳师等岗位。该系列丛书吸纳国际先进的培训体系，并结合我国家庭服务业实际，以提升从业人员的服务水平、专业技能为目的，立足于学用结合，体例简明，贴近广大从业人员的实际需求，通俗易懂，操作性强；以提高家庭服务企业的核心竞争力为目的，立足于精细化、标准化管理，贴近广大企业管理人员的实际需求，高效实用。

在这套丛书即将出版之际，我真诚希望家庭服务行业的同行、家庭服务理论研究工作者和广大家庭服务从业人员，对丛书提出宝贵意见，也希望这套丛书能对中国家庭服务业的培训工作起到很好的指导作用，为国家相关部门在家庭服务政策研究、行业规范工作方面提供一定的帮助。

中国家庭服务业协会法人代表、副会长

[illegible]

二〇一一年九月二十一日

目 录

第一章　午托班的开办

第二章　午托班员工配备与管理

第三章　学生管理

第四章　午托班安全卫生管理

第五章　与家长的沟通管理

第六章　午托班管理制度

第一章

午托班的开办

本章学习目标：

1. 了解午托班的定义。
2. 熟知设立午托班应具备的条件。
3. 熟知午托班办理相关证件的步骤。
4. 了解午托班市场前景。

第一节　开办午托班的前期工作

一、午托班基本认知

校外托管机构，又称校外托管中心、午托班、小饭桌、接送站，是指公民个人、企事业单位、社会团体或其他社会力量利用非国有资产举办的，受中小学学生的监护人委托，在课余时间代替监护人照顾中小学学生，为监护人提供全托、午托、晚托（暂托）、寒暑托中小学学生服务，并为托管中小学学生提供就餐、休息、活动、洗衣等服务的服务机构。现在，在条件好的农村还有留守儿童托管中心。

由于目前市场上校外托管机构大多是以午托为主为中小学学生提供服务的，因此在本书中将统称为“午托班”。下面，就全托、午托、晚托（暂托）、寒暑托等托管形式和留守儿童托管中心做个简单介绍。

（1）“全托”是给学生提供午餐、午休、晚餐，吃完晚餐后由家长把学生接回家。

（2）“午托”是仅给学生提供中午的午餐和午休。

（3）“晚托”又称为暂托。“晚托”仅负责提供学生下午照顾，放学后在校门口接学生，提供点心，辅导和批改作业。

（4）“寒暑托”指在寒暑假期间，辅导学生完成假期作业，针对错处进行适当指导，预习新课；提供午餐、点心，开展适当的娱乐活动。

（5）“留守儿童托管中心”。随着农村产业结构调整和城镇化进程的加快，越来越多的农村剩余劳动力向城市流动，使农村许多在校就读的未成年学生在一定时期内失去了直接监护人，由在家的老人或亲戚照管，形成了当代社会的一个特殊群体——农村留守儿童。农村留守儿童越来越多，因此许多乡村出现了留守儿童托管中心，负责留守儿童的托管。

同时，对不同城市校外托管机构做个简单介绍，见表1−1。

表1-1　　不同城市校外托管机构定义

序号	城市名称	名称	定义	法规名称
1	深圳市	校外午托机构	受中小学生监护人委托，为中小学生在上午放学后下午上课前在学校以外提供午餐、午休等公益性服务活动的单位	《深圳市校外午托机构管理办法》
2	东莞市	接送站	企事业单位、社会团体、公民个人及其他社会力量利用非国有资产在学校以外举办的为中小学生提供午餐、午休等托管服务的非营利性公益服务机构	《东莞市学生接送站管理办法》
3	中山市	校外托管中心	公民个人、企事业单位、社会团体和其他社会力量利用非国有资产举办的，受中小学学生的监护人委托，在课余时间代替监护人照顾中小学学生，为监护人提供日托、午托、晚托中小学学生服务，并为托管中小学学生提供就餐以及休息和活动场所的非营利性服务机构	《中山市校外托管中心管理暂行办法》
4	西安市	小饭桌	由公民、法人或者其他组织开办的，以赢利为目的，为学生提供就餐和休息等服务的相对固定场所	《西安市学生校外托管就餐休息场所食品安全和住宿卫生管理办法（暂行）》
5	郑州市	午托机构	受少年儿童监护人委托，为少年儿童提供午餐、午休等营利性服务活动的机构	《郑州市午托机构管理暂行办法》（征求意见稿）
6	济源市	校外托管机构	公民个人、企事业单位、社会团体和其他社会力量举办的，为未成年学生提供接送、住宿、就餐等服务的经营性机构	《济源市校外托管机构管理暂行办法》
7	赤峰市	学生校外托管机构	由公民、法人或者其他组织开办的，以方便家长为目的，为学生提供住宿、休息、餐饮等公益性和服务性相结合的固定场所	《赤峰市学生校外托管机构管理暂行办法》

续表

序号	城市名称	名称	定义	法规名称
8	乌兰察布市	学生校外托管机构	由公民、法人或者其他组织开办的，以方便家长为目的，为学生提供住宿、休息、餐饮等公益性和服务性相结合的固定场所	《乌兰察布市学生校外托管机构管理暂行办法》
9	乌海市	就餐及托管机构	由公民、法人或其他组织开办的，为中小学生提供餐饮、午休、住宿和学习辅导的以赢利为目的的经营活动场所	《乌海市中小学生临时就餐及托管机构管理意见（试行）》
10	荆门市	校外托管中心	公民个人、企事业单位、社会团体和其他社会力量（以下统称“开办者”）利用非国有资产举办的，受中小学学生的监护人委托，在校外时间代替监护人照顾学生，为学生提供日托、午托、晚托业务活动的服务机构	《荆门市中心城区校外托管中心管理暂行办法》

二、午托班的市场前景

午托班是近几年兴起的“行业”，它的市场前景十分看好。

（一）家长需要，市场需求

（1）大部分城市家庭存在双职工问题。父母要上班，工作又繁忙；中小学下午四点多钟放学，孩子中午和放学后无人看管。

（2）还有部分家长为孩子择校就读，致使部分学生没有就近入学，家庭离学校比较远，学生无人接送。因此“午托班”存在极大的市场需求。

【案例】

午托班市场巨大

赵先生的孩子今年上一年级。“孩子的学校离家倒是不远，只是我们两口子单位离家都远，来回跑费时又费力，因此只好考虑找个午托班。”赵先生告诉记者。

“孩子已上中学，但家离学校远，中午回家吃饭、休息都不方便，所以选择了一家午托班，图个方便吧。”家长胡先生说。

（二）校内条件无法满足学生午餐、午休需求

现有的中小学一般都按照国家相关标准建设，而这些标准都没有为学生提供午餐、午休的条件。因此无法满足学生午间留校的午餐、午休需求。

相关知识：

××市市区校外托管机构调查统计

区域	托管机构（中心）数（单位：个）	涉及学校数（单位：所）	涉及学生数（单位：人）
××区	159	24	3 721
××区	303	20	6 598
××区	148	27	2 683
××区	23	6	364
××区	76	16	1 447
合计	709	93	14 813
备注	因托管机构（中心）较为分散，全面调查统计难度很大，此表数据属于不完全统计		

三、午托班的选址

午托班的服务对象是学生，所以，午托班应该选择在中小学校的周围。但选址并不像挑一个房子那么简单。

午托班是一个人员密集的场所，一定要考虑到其安全要求。因而选址时要考虑：

（1）房子一定要是民用建筑的首层至三层，三层以上的房子不能考虑，地下室也不能考虑。不要选择工业厂房、仓储建筑等非民用建筑内的房子。

（2）房子必须设有独立的安全出口，安全出口的数量、疏散宽度和疏散距离必须符合国家有关消防技术规范的要求，建筑面积超过60平方米的房间应设置两个独立的疏散门。

（3）以近家近学校为便捷，布局以安全、环保、洁净、安静、幽雅为出发点。

（4）最好有比较空旷的室外活动场所。

四、竞争者分析

在选址时可能会发现，学校周围已经有了许多大大小小的午托班，对于这些午托班也要做一些分析。经过分析后，再决定是否在此进行投资。

当然，首先需要了解其他午托班的基本信息资料，调查项目见表1-2。

表1-2　　午托班竞争者分析表

日期：　　填制人：

序号	午托班名称	设立年限	房屋面积	服务项目	收费标准	服务人数	备注

然后，可在此基础上进行分析对比，找到自己存在的优势与不足。一般可以采用SWOT法进行一个全面的分析。SWOT分析方法是一种企业战略分析方法，即根据企业自身的既定内在条件进行分析，找出企业的优势、劣势及核心竞争力之所在。其中，S代表 strength（优势），W代表weakness（弱势），O代表opportunity（机会），T代表threat（威胁）。

第二节　午托班注册

目前许多午托班都是无证经营，所以，对午托班的注册不以为然。然而，目前混乱的市场状况已经引起了国家有关部门的关注，有些地方政府已经出台了午托班管理的政策，比如深圳市政府就在2008年12月31日出台了《深圳市校外午托机构管理办法》，该办法于2009年3月开始执行。

一、设立午托班的条件

设立午托班，通常应当具备下列条件：

（1）有规范的名称和必要的组织机构。

（2）有必要的场地、设施和与午托服务相适应的人员。

（3）利用非国有资产设立。

（4）有3万元以上资金。

（5）符合法律、法规和规章规定的卫生和消防条件。

（6）符合法律、法规和规章规定的其他条件。

二、设立午托班应取得哪些许可

午托班主要是托管学生，学生在午托班吃午餐并进行午休，安全相当重要。《深圳市校外午托机构管理办法》第九条就对此作了非常明确的规定：

设立午托班，设立者应当根据卫生法律、法规、规章的规定取得卫生行政许可，但不自行配餐的午托班除外。

午托班的场所或建筑应当符合消防法律、法规和规章规定的安全条件，除建筑原使用功能（用途）是作为中小学生相应年龄段的住宿或活动场所外，其他的场所或者建筑改建为午托班的，应当依法取得消防行政许可。

市卫生行政部门、市公安消防机构应当会同市教育行政部门，根据卫生和消防的法律、法规和规章，结合本市午托班实际，在本办法发布之日起3个月内分别制定午托班的卫生行政许可指引和消防行政许可指引，报市政府批准后实施。

根据这一规定，我们知道设立午托班必须获得卫生行政许可、消防行政许可。关于卫生行政许可、消防行政许可的获得我们将在后面两节谈到。

三、午托班注册程序及注意事项

（一）注册程序

午托班注册流程如图1-1所示。

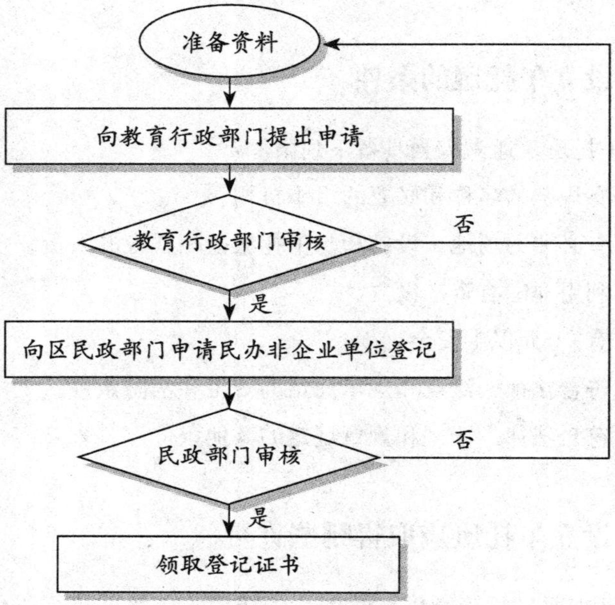

图1-1　午托班注册流程

不同的地方午托班的注册可能有不同的规定，应留意当地的政策法规，也可以向当地的工商管理部门咨询。在此主要介绍深圳市午托班的注册程序，希望能对大家有所帮助。在深圳市要注册午托班通常按照以下程序进行：

1.向教育行政部门提出申请

设立午托班，设立者应当向拟设立的午托班所在区的教育行政部门提出申请，并提交以下材料：

（1）申请报告，内容应当包括名称、组织机构、人员、食品加工区、周边环境、拟接收午托学生人数、内部管理体制、经费筹措与管理使用。

（2）设立者的姓名、住址或者名称、地址。

（3）机构章程。

（4）资产来源及产权、资金数额等有效证明文件。

（5）场地、设施的所有权或使用权证明材料。

按规定应当取得卫生行政许可的，还应当提交卫生行政许可证明。

2.教育行政部门审核

区教育行政部门接到申请后，应当在20个工作日内进行审查，并到拟设立的午托班实地察看。符合条件的，应当核发批准文件，并根据午托班建筑面积、人员等情况确定午托班可接收学生的人数上限；不符合条件的，应当书面告知设立者并说明理由。

3.向区民政部门申请民办非企业单位登记

拟设立的午托班经区教育行政部门审查同意后，设立者可以依法向区民政部门申请民办非企业单位登记，并应提交以下材料：

（1）登记申请书。

（2）教育行政部门的批准文件。

（3）场地所有权或使用权证明。

（4）验资报告。

（5）午托班负责人的基本情况、身份证明。

（6）章程草案。

4.区民政部门作出准予或不准予的决定

区民政部门应当自收到设立登记申请之日起60日内作出准予登记或者不予登记的决定。

准予登记的，应发给《民办非企业单位（法人）登记证书》或《民办非企业单位（合伙）登记证书》或《民办非企业单位（个体）登记证书》。

（二）注意事项

1.资料要准备齐全

注册午托班要填写一系列资料，为了避免跑几次还办不成，事先要了解清楚须准备哪些资料，具体可打电话或到办理机构的网站上去查询。下面以深圳市福田区校外午托机构筹办、设立应交材料清单为例（见表1-3），供读者参考。

表 1-3　福田区校外午托机构筹办、设立应交材料清单（暂行）

序号	材料名称	准备情况
1	设立者开办申请报告，落款处设立者亲笔签名或盖章	
2	福田区校外午托机构设立申报申请表	
3	校外午托机构章程（组织机构、管理制度等）	
4	午托场地《建筑工程竣工验收证书》或安全鉴定复印件，与原件核对后退还原件	
5	校外午托机构建筑设计平面图，食品加工、餐厅和午睡室的布局图及照片（标明疏散路线、照片用A4纸粘贴）	
6	设立者房产证（或租赁合同）复印件，与原件核对后退还原件	
7	设立者、法人及员工资格证明文件（身份证、学历证、健康证复印件，与原件核对后退还原件）	
8	校外午托机构食堂的“卫生许可证”复印件，与原件核对后退还原件	
9	午托场地的“消防行政许可证”复印件，与原件核对后退还原件（办理指引见www.sz119.gov.cn）	
10	其他申请材料（外单位送餐者，须提供送餐单位的相关资质文件和双方送餐协议）	
11	《中小学生午托服务委托协议书》文本及《校外午托机构安全管理责任书》	
12	办理完《民办非企业单位（法人）登记证书》后交回复印件，与原件核对后退还原件	

2.要及时去取得许可

即要及时到卫生部门、消防部门申请许可证。

3.及时查询审批情况

在规定的日期内去查询审批情况，如果教育部门审核通过，则及时到民政部门去办理。之后也要在规定的日期内去查询民政部门的审核情况，如果通过审批，则及时去领取证件。

相关知识：

××市校外托管机构管理模式

校外托管机构宜实行“以县区为主，属地管理”“谁主管，谁负责”的管理体制。由工商、教育、食品安全、卫生、消防、物价等部门和街道社区共同监督管理，采取“部门前置审批，工商登记注册，社区监督管理”的管理模式，其具体管理流程如下图所示。

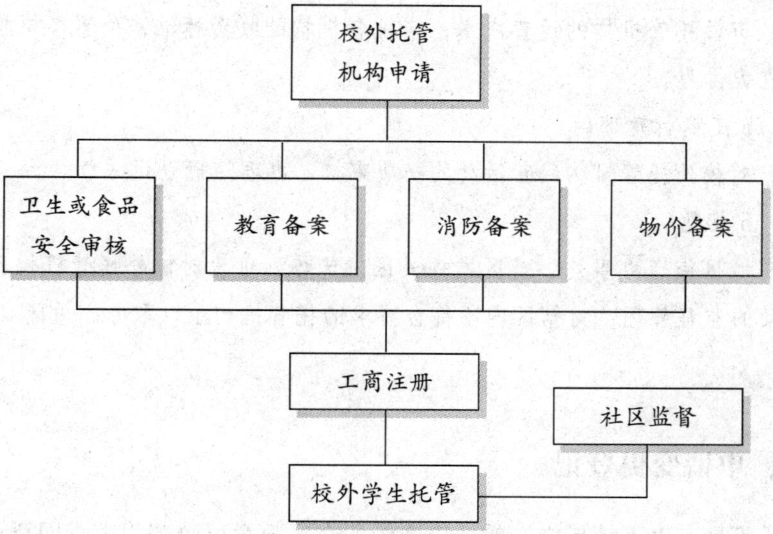

校外托管机构管理流程

1. 卫生或食品安全部门

（1）对校外托管机构食品安全监督管理。

（2）核发餐饮服务许可证。

（3）校外托管机构传染病、消毒措施监督管理。

（4）从业人员的健康体检。

2. 教育行政部门

（1）规范学校对被托管的学生开展有针对性的安全教育及防火、

防震等逃生演练。

（2）禁止在职教职员工开办或兼职校外托管机构。

（3）禁止学校和教职员工向学生和家长推荐校外托管机构。

（4）教育、引导学生和家长去正规的、经相关部门许可的校外托管机构。

（5）审核学业辅导人员的教师资格。

3. 消防、公安等部门

对校外托管机构消防安全和人身安全的监督管理。

4.物价部门

审核托管机构的运营成本，审批各机构的收费标准，处置各机构的乱收费行为。

5.工商行政部门

对校外托管机构经营活动的资质审核，办理注册登记手续。

6.其他

城区街道办事处、社区发挥其区位优势，负责对校外托管机构日常活动的监督管理，对辖区内不符合要求的托管机构予以取缔、关闭。

四、申请变更登记

午托班具有以下情形之一的，应当经所在区教育行政部门审查同意，并在30日内向所在区民政部门申请变更登记：

（1）名称或场所变更。

（2）投资主体或资金变更。

（3）法定代表人或主要负责人变更。

（4）服务范围变更。

（5）章程修改。

变更事项改变卫生或消防安全条件的，还应当按规定取得卫生行政许可或消防行政许可。

【范本01】

××学生托管中心创业计划书

一、项目介绍

项目名称：××学生托管中心

经营范围：儿童托管、课后辅导、营养配餐服务的提供

项目投资：××万元人民币

场地选择：××市××区××路

项目概述：当今社会，上班族的压力越来越大，出现了许多没有时间照顾孩子，导致孩子性格变得孤僻、自卑的例子。创办××学生托管中心，将父母无法照顾的儿童组织起来，管吃、管住、管学习辅导，解决家长与儿童双方面困难，而且利用系统管理教育，培养儿童的自我约束能力、独立管理能力和团队协作精神，造福下一代。

二、市场分析

目前，××市的儿童托管已成为市民日常生活中一个老大难的问题，这是我及身边熟人常谈及的话题。孩子读书后，因上班远而不能及时带小孩，也有谈到小孩读书后，因吃不好午饭变瘦了。谈得更多的是，父母文化程度低，辅导孩子做作业成问题；代沟问题等。由此产生一种想法，如果能把这些小孩组织起来，保证孩子们吃得香、睡得好，同时辅导他们做作业，可以说是一个很好的想法。

1.市场需求分析

据悉，现在××市有小学××所，各小学都不同程度出现托管难问题。据不完全统计，各小学平均有××名学生，新生入学需要托管服务的约占60%，需要辅导各科作业的约占45%，需要美术、音乐、英语等辅导的约占30%，总体来说，需要单科作业辅导的约占20%。但是，现在小学的托管服务一直不好，经常出现教学事故。

从上述数据分析：

（1）当今人们对教育的重视程度较以前大有提高。

（2）当今的孩子竞争激烈、压力大。

（3）父母投入社会工作多，难以照顾好孩子。

（4）教育社会化的程度须不断提高。

2.市场竞争与前景

社会进步必然存在竞争，在创业阶段必须重视行业竞争。据有关报道，目前，××市在开发家教、托管服务市场的时间不算很长，但普遍存在着质量不高的问题，如师资不合格、服务质量差等。只要扬长避短，确定自己的竞争优势，突出优点，创新发展，才能不断满足社会的需求。发展潜力是十分巨大的，从创业项目来讲，只要重视竞争对手，采取“全方位发展，多元化服务，以优质服务取胜”的经营方针，一定能成功。

三、成本预算

1.薪资预算

专业课程辅导教师不做工资预算，因此不计入经营成本。组织一个班另外聘辅导教师，只计提成。

2.投资预算

（1）对原经营场所只是修补性质的简单装修。

（2）要充分利用原经营场所的基本设施：电器、桌、椅、床等，用旧添新。

3.经营成本预算

（1）学生伙食费用。（略）

（2）学生伙食标准：针对少年儿童饮食需求，按不同节令制定出符合标准的菜谱。

（3）失业人员创业在税收政策方面有一定的优惠。

四、盈亏分析

（略）

第三节　卫生许可证件的办理

作为一名优秀的午托班管理者，对自己所管理的午托班卫生许可证的办理管理，应做到心中有数。本节主要介绍午托班卫生许可证的办理程序及“卫生许可证申请书”的填写说明。

一、卫生许可证的办理程序及所需资料

（一）办证程序

一般来说，在办理午托班卫生许可证时，可以按照以下步骤进行，如图1-2所示。

第一步　向办证室申领“卫生许可证申请书”一式两份

第二步　组织午托班从业人员进行健康体检，办理健康证

第三步　提交相关的卫生资料，资料齐全方予受理

第四步　从受理申请之日起10个工作日内，指派两名以上卫生监督员对经营现场进行审查（审查符合卫生要求者，在3个工作日内签发“卫生许可证”）

图1-2　办理卫生许可证的程序

相关知识：

卫生许可证申请书

申请单位			
单位地址		经济性质	
单位负责人		法人代表	
职工人数		应体检人数	
固定资产	____万元	电话	
使用面积	____平方米	原卫生许可证号	
申请许可类别		申请类型	
申请许可项目			

续表

申报材料：

（1）卫生许可证或建设项目申请书

（2）从业人员健康检查花名册及健康证

（3）法定代表人、负责人、业主身份证复印件

（4）卫生组织、管理制度*

（5）工商部门出具的“企业名称预先核准通知书”复印件

（6）生产经营场所平面布局图

（7）产品配方、生产工艺流程、相关标准、产品标签样稿*

（8）产品、水质检测报告书

（9）生产设备一览表*

（10）检测设备、人员、项目一览表*

（11）建设项目卫生审查认可书、竣工卫生验收认可书

（注：带*的申报材料须单位负责人签字盖章）

卫生设施配备情况：（须填写本单位配备的全部卫生设施及其数量）

备注：

（二）相关的卫生资料

一般来说，在办理午托班卫生许可证时，须要带上以下卫生资料：

（1）建设项目设计卫生审查认可书，竣工卫生验收认可书。

（2）从业人员健康检查合格证明。

（3）基本卫生设施情况、安全性证明材料、检验设备及人员情况。

（4）卫生管理制度。

（5）卫生监督机构要求申报的其他材料。

二、卫生许可证申请书填写说明

（一）卫生许可证申请书的内容

午托班管理者在办理卫生许可证前，首先要知道如何填写“卫生许可证申请

书”。其具体内容如下：

（1）申请单位：填写申请办理“卫生许可证”的单位名称（全称）。

（2）经济性质：国有、集体、个体、合资、股份、独资、合伙。

（3）单位负责人：申请单位的负责人。

（4）法人代表：如果申请单位依法取得了法人资格，则在此栏填写法定代表人姓名，否则填“无”。

（5）单位地址：填写详细的街道、门牌号，无门牌号的则写××路×建筑物名称、楼层等。

（6）电话：填写单位负责人或法定代表人电话、经营场所或办公室电话。

（7）职工人数：指单位的全体职工数。

（8）应体检人数：按法律法规规定应接受健康检查的人员。

（9）固定资产（万元）：所有不动产包括房屋、车辆、物品、设备等折合总价值。

（10）使用面积：指经营场所的使用面积，包括附属用房面积。

（11）竣工验收认可书号：即有卫生部门参与竣工验收认可书号的，填认可书号；否则填“无”。

（12）原卫生许可证号：如果审验已有的卫生许可证，则填写原卫生许可证号；如果新办证，则填“新办”。

（13）申请许可项目：即申请人所准备生产或经营的项目。

（14）申报材料及密度要求：由申请人填注是否需要保密及保密级别（秘密、机密、绝密）。

（15）卫生设施：主要包括给排水设施、通风照明设施、三防设施、洗涤消毒设施、垃圾处理设施、个人防护设施。

上述各项每个申请单位都必须填写，设施据实填写，不得空项。

（16）主管部门意见：是指经营单位主管部门对其申办“卫生许可证”时的申报材料进行审查、签署意见。其格式为：经审核，所报材料属实，同意申办卫生许可证。并盖主管部门公章。

（二）填表注意事项

申请人在填表时，应注意以下事项：

（1）要仔细阅读申请书示范文本。

（2）须用钢笔、中性笔（碳素笔）填写，不得用圆珠笔、铅笔填写。

（3）应由申请人本人按照“卫生许可证申请书”所列项目逐栏（条）填写。一般不得有空项，填写有空项的，本栏内可填写“无”。

（4）须对所提供材料的真实性负法律责任，并填写“承诺书”。

第四节　消防行政许可的管理

本节主要介绍午托班消防行政许可证的办理程序及办理的时限、材料要求，还提供了“午托班消防安全检查记录表”作为参考。

一、办理消防行政许可程序

午托班管理者在办理消防行政许可时，可以按照以下步骤进行，如图1-3所示。

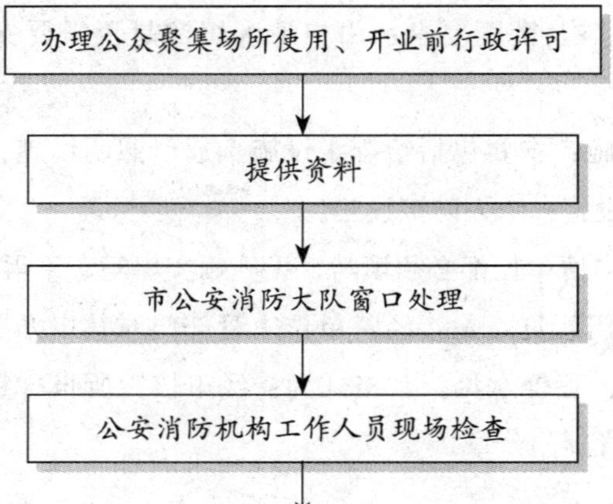

图1-3　办理消防行政许可的步骤

相关知识：

××午托班消防安全检查意见书范本

××市××县公安消防大队

消防安全检查意见书

××县公消检查[2010]第××号

××午托班：

根据你单位关于××午托班开业的申请，我大队于____年____月进行了消防安全检查。经检查，同意开业，并提出以下意见：

1.依法落实消防安全责任。

2.确保疏散通道、安全出口畅通。

3.定期对员工进行消防安全宣传教育和培训，定期开展消防演练。

4.开展防火检查、巡查，及时消除火灾隐患。

5.确保消防设施、器材和各类消防安全标志完好有效。

6.严格用火、用电管理，防止火灾事故发生。

备注：

××午托班位于____________，建筑面积____________平方米。

法人代表：______。

____年____月

二、办理的时限、材料要求

（一）办理时限

申报材料齐全并由市公安消防大队窗口受理后，4个工作日内进行检查，自检查之日起3个工作日内制作或送达“消防安全检查意见书”。

（二）材料明细

在办理消防行政许可时，须要带上以下资料：

（1）消防安全检查申报表。

（2）建筑工程消防验收意见书。

（3）建筑总平面图、装修图纸资料。

（4）法定代表人、承包经营人基本情况及身份证原件、复印件。

（5）消防器材配备情况说明。

（6）用电负荷说明及电气线路图。

（7）电工、自动消防系统操作人员培训合格证（仅适用设自动消防设施的工程）。

（8）单位内部消防管理情况（灭火预案、疏散预案、消防安全管理制度、防火安全责任制、对员工的消防培训情况）。

相关知识：

午托班消防安全检查申报表

____年____月____日（印章）

申报单位		联系人			
申报事项		联系电话			
场所或活动名称					
地点		经营项目			
拟定使用、开业或者举办日期		占地面积		建筑面积	
所在建筑总高度		所占层数		所在层面	
建筑结构		耐火等级		座位（人）或摊位数	
安全出口数量		楼梯形式		防火分区数量	
是否经过消防审核		是否通过消防验收			

续表

消防设施：

（1）室外消火栓

（2）室内消火栓：□有消防泵　□无消防泵

（3）自动喷水灭火系统：□湿式　□预作用　□水幕

（4）火灾自动报警系统：□区域　□集中　□控制中心

（5）气体灭火系统：□二氧化碳　□卤代烷　□其他气体

（6）楼梯间正压送风系统

（7）自动排烟系统

（8）灭火器数量：□1个　□2个　□3个　□4个

（9）防火门数量：□1个　□2个　□3个　□4个

（10）防火卷帘数量：□1个　□2个　□3个　□4个

（11）疏散指示标志数量：□1个　□2个　□3个　□4个

（12）应急广播：□有　□无

（13）应急照明：□有　□无

（14）消防电梯：□有　□无

（15）消防控制室：□有　□无

（16）其他设施：

防火安全责任人姓名		职务		电 话	
灭火、疏散预案	□有　□无	消防安全管理制度		□有　□无	

三、午托班消防安全检查记录表

作为一名午托班管理者，应该懂得“午托班消防安全检查记录表”包括哪些内容，才能在相关部门检查午托班的消防安全时，做到心中有数、不出差错。以下提供范本作为参考。

【范本02】

午托班消防安全检查记录表

午托班（盖章）：__________

序号	具体内容	须整改的隐患	隐患整改落实情况和隐患整改方案上报情况
1	（1）是否建立健全逐级防火安全责任制（包括成立消防工作领导小组） （2）职责是否明确（包括明确单位主要负责人为消防安全第一责任人），并责任到午托班每个部门和每个岗位 （3）是否建立并落实消防安全自我管理、自我检查、自我整改机制		
2	是否建立健全各项消防安全管理制度（包括：消防安全教育和培训制度、防火巡查和防火检查制度、用火用电安全制度、火灾隐患整改制度、易燃易爆危险物品使用制度、消防设施和器材维护管理制度等）和操作规程		
3	是否制订灭火、应急疏散预案		
4	（1）是否落实消防安全教育课时和内容 （2）近年来是否组织过在校师生开展消防安全活动 （3）有关师生是否会使用灭火器等消防器材 （4）全体师生是否熟悉和掌握火灾报警、火场自救与逃生等消防基本知识和技能		
5	（1）师生宿舍、食堂、教室等重点部位和场所消防设施（灭火器材和消火栓）是否充足、齐全 （2）管理是否落实（包括：定期或不定期地开展检查、保养，保证消防设施完好有效；灭火器的类型选择和设置位置是否正确规范）		

续表

序号	具体内容	须整改的隐患	隐患整改落实情况和隐患整改方案上报情况
5	（3）消防设施设备是否登记造册		
6	火灾自动报警系统和自动灭火系统是否有故障或不能正常使用		
7	（1）疏散通道、疏散楼梯和安全出口的位置、数量、宽度是否符合消防技术规范要求 （2）人员密集场所（包括集体宿舍）的疏散通道、疏散楼梯和安全出口是否锁闭、封堵或占用		
8	（1）火灾事故应急照明和疏散指示的设置场所、位置、数量是否符合消防技术规范 （2）应急照明和疏散指示是否损坏、失效、标示错误或被遮挡、覆盖		
9	疏散门开启方向是否错误（正确开启方式：向外）		
10	（1）在建筑物周围是否有违法搭建影响人员逃生或灭火救援 （2）在建筑物周围是否有障碍物影响消防车通行或施救		
11	电器线路是否完好；电器设备设施安装是否符合规范要求		
12	是否定期或不定期开展防火巡查		
13	其他消防安全情况		

注：此表一式两份，一份留午托班，另一份交区教育局。于__月__日前，将此表寄送区教育局办公室。

管理者（签名）：__________

检查组成员（签名）：__________

填报时间：_____年_____月_____日

相关知识：

深圳市校外午托场所消防安全指引

一、校外午托场所的定性

（一）校外午托场所属于人员密集场所，其开业或投入使用前无需申报消防安全检查。

（二）对校外午托场所的消防安全技术要求，主要参照集体宿舍及幼儿活动场所的有关技术规范进行设置。

二、校外午托场所的选址设置

（一）校外午托场所应设在民用建筑的首层至三层，且必须设有独立的安全出口，安全出口的数量、疏散宽度和疏散距离必须符合国家有关消防技术规范的要求。

（二）校外午托场所不应设在工业厂房、仓储建筑等非民用建筑内；校外午托场所原则上不应设在居民住宅房内，当有实际困难必须将校外午托场所设置在居民住宅房内时，应设在首层，且应设置不少于两个（含两个）独立的安全出口。

三、校外午托场所行政许可及备案范围

根据《建设工程消防监督管理规定》（公安部令第106号）第十三条第五款规定，建筑面积大于1 000平方米的托儿所、幼儿园的儿童用房等新建和改建工程，建设单位应当向公安机关消防机构申请消防设计审核，并在建设工程竣工后向出具消防设计审核意见的公安机关消防机构申请消防验收。

根据《建设工程消防监督管理规定》第二十五条规定，对于校外午托场所建筑面积小于1 000平方米的新建和改建工程，建设单位应当在取得施工许可、工程竣工验收合格之日起7日内，通过省级公安机关消防机构网站的消防设计和竣工验收备案受理系统进行消防设计、竣工验收备案，或者报送纸质备案表由公安机关消防机构录入消防设计和竣工验收备案受理系统。

四、校外午托场所消防行政许可程序

对需向公安消防机构申报消防审核和验收的校外午托场所，其消防行政许可程序参见深圳消防网（http：//www.sz119.gov.cn）“办事大厅”栏目中“办事指南”建审业务部分。

五、校外午托场所消防安全管理要求

校外午托场所应依照国家消防法律、法规规定的消防安全条件要求，履行法定的消防安全职责，做好消防安全工作，确保场所的消防安全。

附件：

1.校外午托场所的消防安全技术要求

2.关于《校外午托场所的消防安全技术要求》制定的说明

附件1

校外午托场所的消防安全技术要求

根据《消防监督检查规定》（公安部令第107号）规定，校外午托场所应履行法定的消防安全职责，确定消防安全管理人，并应符合以下要求：

一、校外午托场所应设在建筑的首层至三层，不应设在工业厂房、仓储等非民用建筑内；当有困难必须设在居民住宅内时，应设置在首层，且应设有两个独立的安全出口。

二、校外午托场所必须设有独立的安全出口，安全出口的数量、疏散宽度和疏散距离必须符合国家有关消防技术规范的要求；建筑面积超过60平方米的房间应设两个疏散门。

三、场所内应设置不少于两个安全出口（至少应有一个独立的疏散出口），出口门应为向外开启的平开门。

四、校外午托场所的厨房应单独设置，厨房与其他部位应采用砖墙分隔到顶，厨房的门应采用甲级防火门。

五、场所内各部位装修材料燃烧性能等级应符合规范要求。

六、应按国家规范要求安装消防设施、配置消防应急照明灯、消防应急标志、灭火器等消防器材。

七、电源线路、插座及灯具的安装必须符合规范要求。

八、场所内人员密度每床不得小于2.7平方米。

九、场所内房间窗户不得安装影响抢险救援的防盗网。

十、儿童休息时应有专人看管，各安全出口不得上锁。

十一、应配备一名经消防培训持证上岗的安全监护老师。

十二、应制定灭火和应急疏散预案并定期组织演练。

附件2

关于《校外午托场所的消防安全技术要求》制定的说明

目前，国家法律法规及消防规范对于校外午托场所的消防安全技术要求没有十分明确的规定，《校外午托场所的消防安全技术要求》主要是根据国家消防技术规范《建筑设计防火规范》GB 50016—2006、《高层民用建筑设计防火规范》GB 50045—95中有关“儿童活动场所”及广东省公安厅制定的《“三小”场所消防安全要求》中有关小档口的消防安全条件制定。

具体引用的法律法规和消防技术规范依据：

第一条：

1.《建筑设计防火规范》第5.1.7条：托儿所、幼儿园的儿童用房及儿童游乐厅等儿童活动场所不应设置在超过三层或地下、半地下建筑内。

2.《高层民用建筑设计防火规范》第4.1.6条：托儿所、幼儿园、游乐厅等儿童活动场所不应设置在高层建筑内，当必须设在高层建筑内时，应设置在建筑物的首层或二、三层，并应设置单独出入口。

第二条：

1.《建筑设计防火规范》第5.3.8条：各房间的疏散门不应少于2个，疏散门最近缘距离不应小于5米。

2.《高层民用建筑设计防火规范》第6.1.8条：公共建筑中位于两

个安全出口之间的房间，当其建筑面积不超过60平方米时，可设置一个门，门的净宽不应小于0.9米。公共建筑中位于走道尽端的房间，当其建筑面积不超过75平方米时，可设置一个门，门的净宽不应小于1.40米。

3.《高层民用建筑设计防火规范》第6.1.11.3条：疏散出口的门内、门外1.40米范围内不应设踏步，且门必须向外开，并不应设置门槛。

第三条：

儿童休息场所内人员密集，设置厨房使用燃气存在较大火灾危险性，依据《建筑设计防火规范》第7.2.3条第五项：除住宅外，其他建筑内的厨房隔墙应采用耐火极限不低于2.00小时的不燃烧体，隔墙上的门窗应为乙级防火门窗。

第四条：

《中华人民共和国消防法》第二十七条：电器产品、燃气用具的产品标准，应当符合消防安全的要求。

电器产品、燃气用具的安装、使用及其线路、管路的设计、敷设，维护保养、检测，必须符合消防技术标准和管理规定。

第五条：

《广东省实施〈中华人民共和国消防法〉办法》第十五条：各级公安消防机构应当制订消防安全教育和培训计划，单位应当把消防安全知识纳入职工教育培训内容。下列人员必须接受消防安全培训，并取得省公安消防机构统一制发的消防安全培训合格证：

（一）单位的消防安全责任人。

（二）消防安全管理人员，专职、义务消防队员。

（三）消防工程施工、维修保养、监理、自动消防系统操作的人员。

（四）易燃易爆危险物品生产、储存、运输、销售、装卸的管理人员。

（五）消防产品的检验维修人员。

第六条：

《中华人民共和国消防法》第十六条：机关、团体、企业、事业等单位应当履行下列消防安全职责：

（一）落实消防安全责任制，制定本单位的消防安全制度、消防安全操作规程，制定灭火和应急疏散预案。

（二）按照国家标准、行业标准配置消防设施、器材，设置消防安全标志，并定期组织检验、维修，确保完好有效。

（三）对建筑消防设施每年至少进行一次全面检测，确保完好有效，检测记录应当完整准确，存档备查。

（四）保障疏散通道、安全出口、消防车道畅通、保证防火防烟分区、防火间距符合消防技术标准。

（五）组织防火检查，及时消除火灾隐患。

（六）组织进行有针对性的消防演练。

（七）法律、法规规定的其他消防安全职责。

单位的主要负责人是本单位的消防安全责任人。

第七条：

《深圳经济特区消防条例》第十七条：人员密集的生产车间、集体宿舍、公众聚集场所不得安装防盗网，但符合紧急疏散要求、不影响灭火救援的除外。

第八条：

《中华人民共和国消防法》第六十七条：机关、团体、企业、事业单位违反本法第十六条、第十七条、第十八条、第二十一条第二款规定的，责令限期改正；逾期不改正的，对其直接负责的主管人员和其他直接责任人员依法给予处分或者给予警告处罚。

第九条：

《中小学校建筑设计规范》第5.1.6条：中学、中师、幼师学生宿舍的使用面积，应按每床为2.7平方米计算。

第十条：

校外午托场所的消防安全管理应按照《机关、团体、企业、事业单位消防安全管理规定》第三十九条、第四十条中有关消防安全重点单位的要求执行。

本章习题：

1. 解释午托班定义。
2. 在午托班选址时，应考虑哪些因素？
3. 开办午托班需要哪些费用？
4. 设立午托班要具备哪些条件？
5. 填写卫生许可证申请书时，要注意哪些事项？
6. 在办理消防行政许可时，须带哪些资料？
7. 简述卫生许可证申请书的内容。

第二章

午托班员工配备与管理

本章学习目标：

1. 了解员工岗位职责与任职资格。
2. 掌握招聘全职老师的方法。
3. 学会制作员工录用通知书。
4. 掌握聘用合同的签订步骤。

第一节　员工岗位职责与任职资格

目前午托班的从业人员鱼龙混杂，素质参差不齐。作为一个午托班管理者，首先要知道每一个岗位的职责是什么，岗位员工须要具备什么样的基本素质。

一、岗位职责

（一）专业教师

（1）保持与学生的经常性沟通和家长的及时联系；了解学生学习和生活状况，做好学生的思想工作。

（2）承担午托班课程的辅导、答疑、批改作业等教学工作。

（3）担任某些课程的部分或全部授课工作。

（4）完成上级交办的其他工作。

（二）营养师

（1）负责对学生营养状况评价、管理和指导。

（2）负责膳食营养评价、管理和指导。

（3）负责对学生营养餐、学生食品及配方进行营养评价。

（4）负责对学生进行营养知识的咨询与宣传。

（三）心理咨询师

（1）以专业的知识、方法和态度向学生及家长提供心理辅导和咨询服务。

（2）帮助学生及家长分析学生学习困难的原因并协助家长设计改善方案。

（3）提供学习支持服务，解决学生学习兴趣低等问题。

（4）设计、实施与学习有关的心理训练关联活动。

（5）根据工作计划，定期组织心理辅导讲座，普及专业心理知识。

（四）采购员

（1）负责午托班日常所需物品如清洁剂、学生用品等的采购。

（2）负责午托班各种仪器的采购。

（3）中午配合厨师进行分餐。

（4）完成领导交办的其他任务。

（五）厨师

（1）负责对各种食品的烹调工作，保证食品质量。

（2）负责厨房内的清洁卫生与安全。

（3）申领厨房所需的食品原料、操作工具与消耗品。

（4）午餐、晚餐时负责分餐。

（六）清洁工（杂工）

（1）负责午托班的清洁卫生工作，包括卧室、活动房、计算机房、餐厅、学习厅、走廊等区域。

（2）负责午托班学生床单、被套的更换和清洗。

（3）午餐时配合其他工作人员进行分餐。

（4）完成领导分配的其他任务。

二、任职资格

（一）专业教师

（1）专科及以上学历，心理学、教育学等专业或师范类院校毕业。

（2）具有教学、科研等方面的工作经验。

（3）了解教育心理学，能熟练使用办公软件。

（4）具有很强的中文表达能力，普通话标准，口齿伶俐。

（5）具有较强的亲和力，讲课生动活泼，知识面广。

（6）具有团队合作精神和组织协调能力。

（7）具有较强的敬业精神，吃苦耐劳。

（8）要有爱心、耐心，性格温和。

（二）营养师

（1）中医学、营养保健与食品卫生、食品科学、预防医学等相关专业大专以上文化程度。

（2）具备全面系统的营养保健知识。

（3）熟练应用办公软件。

（4）勤奋、敬业、乐观，具有良好的职业素养和道德素养。

（三）心理咨询师

（1）热衷教育事业的专业人士。

（2）正规院校心理学或教育心理学相关专业毕业。

（3）持有国家劳动部门颁发的心理咨询师证书。

（4）一年以上相关工作经验。

（四）采购员

（1）对各种物品的市场行情比较了解，能购买到物美价廉的物品。

（2）对仪器材料的优质标准非常熟悉，能选购到新鲜质高的食品。

（3）有健康的身体，具有健康证。没有精神性疾病、传染性疾病或其他可能影响中小学生安全与健康的疾病。

（4）无犯罪记录。

（五）厨师

（1）具备基本的健康证，没有精神性疾病、传染性疾病或其他可能影响中小学生安全与健康的疾病。

（2）具备一定的食品卫生常识。

（3）具备一定的卫生消毒常识。

（4）懂得合理、科学地给学生搭配饮食营养。

（5）具备一定的食品采购、记账常识。

（6）无犯罪记录。

（六）清洁工（杂工）

（1）手脚勤快，做事利索。

（2）身体健康，没有精神性疾病、传染性疾病或其他可能影响中小学生安全与健康的疾病。

（3）掌握清洁工作的操作程序，最好接受过类似培训。

（4）性格温和，不急躁。

（5）无犯罪记录。

第二节 员工配备

一、员工配置人数

午托班工作人数通常根据学生人数配备，一般午托学生在25人以下，应配备2名以上工作人员，每增加20名午托学生，应增加1名工作人员。同时，可以根据业务范围设置兴趣班，配备一些兼职的教师。另外，也可根据午托班的情况增加一些钟点工，如可聘请两三名钟点工协助分餐。

二、招聘管理

（一）教师的招聘管理

午托班招聘全职教师有以下几种渠道：

（1）从招聘网站招聘。

（2）从人才市场现场招聘。

（3）经人介绍。

（4）通过发放宣传单、登报或其他宣传方式进行招聘。

以下提供范本作为参考。

【范本03】

招聘教师广告

××午托班是一所高起点、高标准、规范化的午托班。××午托班创建于××年××月，由于业务扩展的需要，现面向社会招聘优秀教师。只要您德才兼备，××午托班欢迎您加盟！

一、招聘类别

招聘中小学语文、英语、数学、物理、化学、生物、体育、历史、地理、政治、美术教师。返聘退休老师。

二、招聘条件

1.专科以上学历，本科优先。

2.中小学教育、教学实践三年以上，具有中级、高级职称。

三、报名办法

携带本人身份证、学历证、职称证书、荣誉证书、个人简历和两张2寸照片来校报名，或邮寄以上材料复印件。

四、报名时间

自见报之日起开始报名，截止于××月××日。

五、报名地点

××区××街××号××午托班招师办。

【范本04】

××网站午托教师招聘广告

一、公司介绍

××市××区××午托班是经区教育局批准，区政府注册的首家午托教育单位，现因发展需要特面向社会急聘数学和英语助教各1名。

二、条件待遇

1. 试用期1～3个月，试用期满后享受国家统一的员工社保，薪酬××××元以上。

2. 上班期间提供免费工作餐，试用期满后，提供统一的员工住宿。

三、应聘要求

1.应聘者须身体健康，提供卫生监督部门出具的健康证。

2.应聘者提供相关证件。

3.有一定教学经验，师范类院校毕业优先；应届毕业生也可。

4.勤奋耐心，为人师表，服从企业管理安排。

5.有责任心，有爱心，有扎实的文化基础和相关教学经验，善于管理小学生者优先录用。

联系地址：（略）

电话：（略）

联系人：（略）

公交车路线：××路、××路在××车站下即可。

（二）招聘程序

招聘教师时，可以按照以下步骤进行，如图2-1所示。

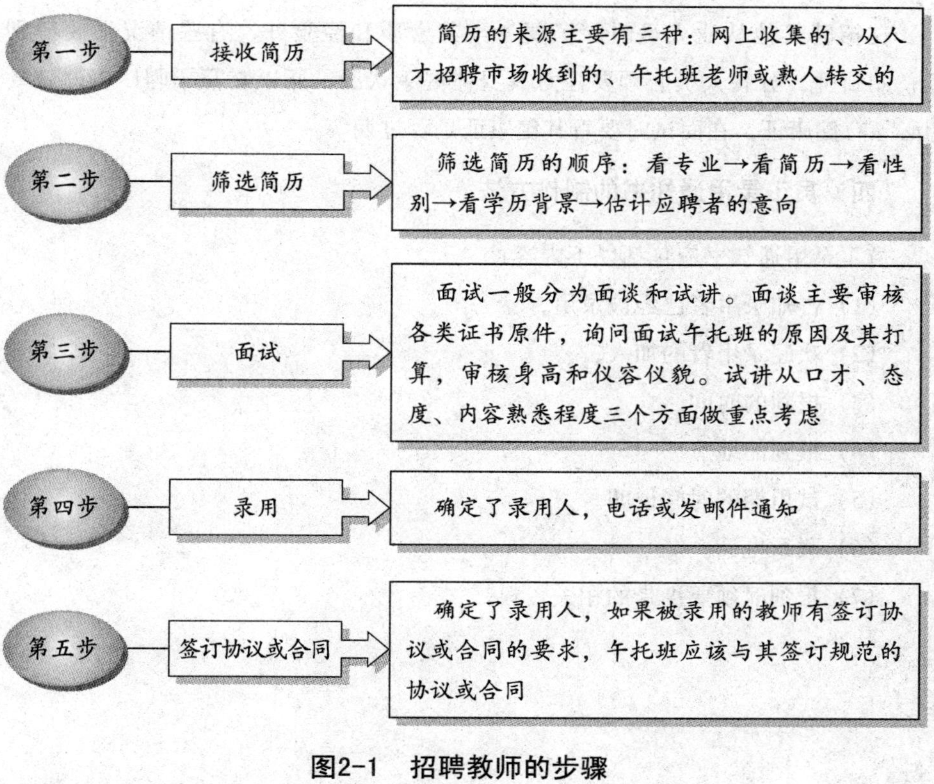

图2-1　招聘教师的步骤

（三）其他从业人员的招聘管理

招聘其他从业人员时，可以按照以下步骤进行，如图2-2所示。

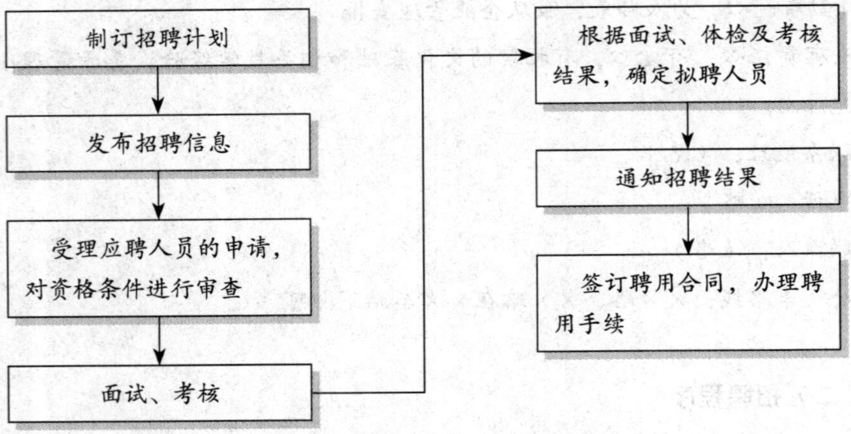

图2-2　招聘其他从业人员的步骤

在招聘其他从业人员时除了要考察其素质和经验外，有些情况须要特别注意，如厨师、分餐人员必须要注意其身体健康状况。所以在写招聘广告时就要注明必须有健康证，在面试时要看其健康证是否过期等。

（四）员工录用通知书的制作方法

员工录用通知书应包括以下内容：

（1）告知录用者已经被录用。

（2）欢迎录用者的加入。

（3）报到的时间。

（4）报到的地点。

（5）试用期的时间说明。

（6）联系电话。

（7）报到时须要携带的相关资料。

特别提示

录用员工时，应让其带齐以下资料：录用通知书、本人居民身份证、最高学历证书原件及复印件、健康证、本人最近照片等（视具体情况而定）。

【范本05】

员工录用通知书

____先生/小姐：

您应聘本公司×× 职位，经面试考核通过，依××午托班任用规定给予录用。现热诚欢迎您加入××午托班行列。有关报到事项如下，敬请参照办理。

报到日期：____年____月____日前。

地点：________________

报到时须携带以下资料：

（1）录用通知书。

（2）居民身份证原件。

（3）最高学历证书原件。

（4）资历、资格证书（上岗证）。

（5）体检合格证明（区以上医院血液肝功能体检证明）。

（6）一寸登记相片三张。

按本公司的规定新进员工必须先行试用3个月，试用期薪资为________。

以上事项如果有任何疑问或困难，请与××午托班人力资源部联系。

电话：________________

____年____月____日

（五）聘用合同的管理

1.签订合同的管理

（1）签订劳动合同的流程。根据劳动法及有关法规的规定，在签订劳动合同时，可以按照以下程序进行，如图2-3所示。

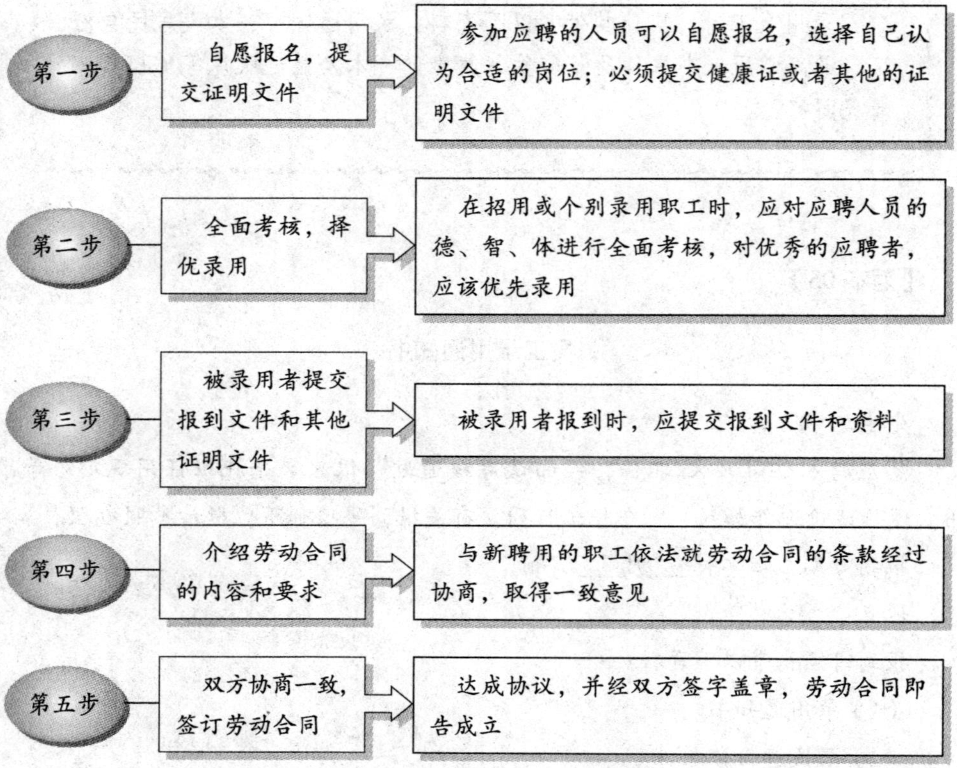

图2-3　签订劳动合同的步骤

（2）注意事项。在签订劳动合同时，应注意以下问题：

√双方条件要求。当事人双方应首先衡量本身是否具备招工的条件。

√订立劳动合同的要求。订立劳动合同既要符合国家法律、法规和政策的规定，又要结合实际。

√劳动合同的内容要求。劳动合同的内容要简繁得当。对国家法律、法规规定详细的内容，可以从简；对国家法律、法规没有具体规定的，应当尽量做出详细具体的规定。

√劳动合同中的用语要求。劳动合同中的用语要力求准确、明白，避免使用容易产生误解或歧义的词语。

√责任规定要求。双方当事人的责任规定要明确。责任不仅是劳动合同的核心，也是处理劳动争议的依据之一。

✓日期、生效条件要求。签订劳动合同的日期和生效条件要明确。

（3）签订合同的流程。与午托班从业人员签订劳动合同时，可以按照以下步骤进行，如图2–4所示：

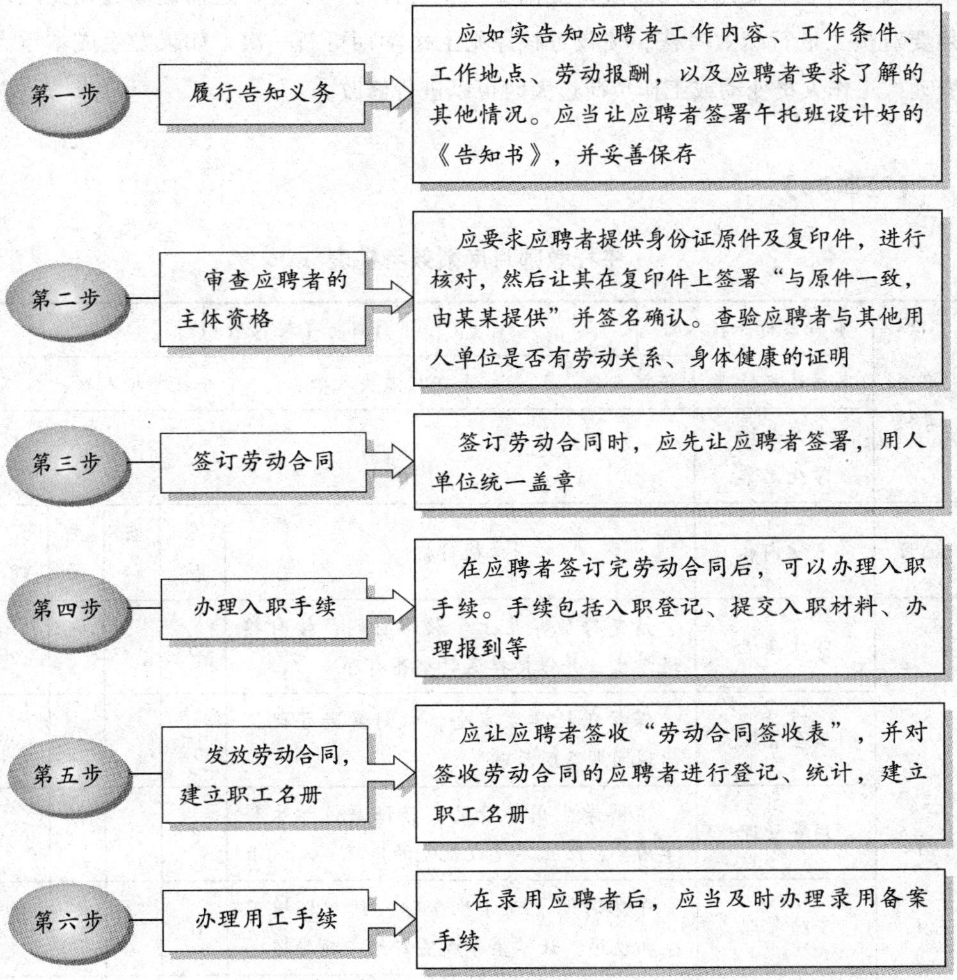

图2–4　与午托班从业人员签订劳动合同的步骤

2.劳动合同有争议的解决方法

一般来说，劳动合同有争议时，有以下几种解决办法：

（1）双方当事人协商。

（2）协商不成的，提交仲裁委员会进行劳动仲裁。

（3）向法院起诉。

三、绩效管理

为更有利于促进公司发展，提高员工主动性与积极性，进而提高公司业绩，须要对员工进行绩效考核。绩效考核原则上每学期更新一次，如果发生成本重大变动、工作人员变动或工作负荷过大时可以进行修改。

【范本06】

午托教师月度绩效考核表

<table>
<tr><td rowspan="3">单项考核</td><td colspan="2">本月目标午托人数</td><td></td><td colspan="2">下月目标午托人数</td><td colspan="2"></td></tr>
<tr><td>本月达标情况</td><td colspan="2">午托人数：</td><td colspan="2">午托流失人数：</td><td colspan="2">午托新增人数：</td></tr>
<tr><td>本月新增学生名单</td><td colspan="6"></td></tr>
<tr><td>项目</td><td>考核内容</td><td colspan="3">考核目标</td><td>分值</td><td>自评</td><td>主管</td><td>经理</td></tr>
<tr><td rowspan="7">一、午晚托考核74分</td><td>学生接送</td><td colspan="3">清楚每位学生上学放学时间，按时接送学生，并保持接送时整齐有序</td><td>5</td><td></td><td></td><td></td></tr>
<tr><td>安全管理</td><td colspan="3">保护午托学生安全，做好考勤登记，出现问题及时反映</td><td>10</td><td></td><td></td><td></td></tr>
<tr><td>用餐管理</td><td colspan="3">了解学生用餐情况，保证每位学生科学用餐，防止不吃或乱吃的情况</td><td>3</td><td></td><td></td><td></td></tr>
<tr><td>午睡管理</td><td colspan="3">午休时间管理学生午睡，维护环境卫生和秩序，让学生养成良好的午睡习惯</td><td>10</td><td></td><td></td><td></td></tr>
<tr><td>作业登记</td><td colspan="3">认真做好作业辅导登记，并归档，以便检查</td><td>5</td><td></td><td></td><td></td></tr>
<tr><td>作业辅导管理</td><td colspan="3">仔细检查学生作业，细心辅导，科学、高效、有序、安静管理作业辅导班</td><td>10</td><td></td><td></td><td></td></tr>
<tr><td>学生进步</td><td colspan="3">学生学习态度、学习习惯和学习成绩有进步，家长了解学生学习情况</td><td>8</td><td></td><td></td><td></td></tr>
</table>

续表

<table>
<tr><th>项目</th><th>考核内容</th><th colspan="2">考核目标</th><th>分值</th><th>自评</th><th>主管</th><th>经理</th></tr>
<tr><td rowspan="3">一、午晚托考核74分</td><td>家长满意度</td><td colspan="2">每月分别调查10名午托学生家长满意度和10名晚托学生家长满意度，如有有效投诉此项0分</td><td>10</td><td></td><td></td><td></td></tr>
<tr><td>电话跟进</td><td colspan="2">每周至少一次电话跟进午托学生，与家长良好沟通，并做登记</td><td>8</td><td></td><td></td><td></td></tr>
<tr><td>学生评优管理</td><td colspan="2">做好学生评优管理，及时评分和奖励表现好的学生</td><td>5</td><td></td><td></td><td></td></tr>
<tr><td rowspan="7">二、综合考核26分</td><td>个人管理</td><td colspan="2">佩戴工牌，按要求统一着装，遵守公司规章制度，尊重上司，积极向上</td><td>5</td><td></td><td></td><td></td></tr>
<tr><td>工作态度</td><td colspan="2">积极高效完成上级安排的工作任务，定期汇报本部门安排的工作</td><td>5</td><td></td><td></td><td></td></tr>
<tr><td>咨询接待</td><td colspan="2">接待热情，微笑服务，电话及时接听，专业解答以促成学生报读</td><td>5</td><td></td><td></td><td></td></tr>
<tr><td>咨询跟进</td><td colspan="2">及时登记学生信息和电话咨询信息，及时跟进</td><td>5</td><td></td><td></td><td></td></tr>
<tr><td>前台保洁</td><td colspan="2">注重部门前台咨询大小环境的整洁干净，物品摆放合理</td><td>2</td><td></td><td></td><td></td></tr>
<tr><td>信息处理</td><td colspan="2">了解部门附近学校开散学、考试、家长会等信息，及时上报并安排相应工作</td><td>2</td><td></td><td></td><td></td></tr>
<tr><td>团队协作</td><td colspan="2">与部门内外各职能部门人员高效合作，为公司市场工作创造效益</td><td>2</td><td></td><td></td><td></td></tr>
<tr><td>加分</td><td>部长加分</td><td>加分理由：</td><td>加分分值（5分为限）</td><td colspan="2"></td><td></td><td></td></tr>
<tr><td colspan="3">备注：部分评分档得分中依次为5分制（5，4，3，2，1，0），10分制（10，8，6，4，2，0）</td><td>本月绩效总得分</td><td>100</td><td></td><td></td><td></td></tr>
<tr><td>午托提成申报</td><td colspan="7"></td></tr>
</table>

续表

个人总结与评价	本月工作达成	
	下月工作计划	
上级评价		

备注：未履行相应职责者取消当月考核。

【范本07】

午托班提成方案

分校部门	午托保底人数（人）	午托超出保底部分提成（元/人·月）	晚托保底人数（人）	晚托超出保底部分提成（元/人·月）
××	15	30	18	50
××	12	30	15	50
××	0	0	5	50
××	0	0	10	50

提成方案说明：

（1）提成由午、晚托主要负责人进行分配，原则上每个分校午、晚托主要负责人不超过2人，且午、晚托各有偏向。

（2）不足月的新增学员只计算招生考核，不计算提成，即新增学员自第二个月起才算提成。

（3）其他协助人员不享受此提成分配，其工作付出和贡献在其他考核中体现，午、晚托负责人应尊重他们的协助。

（4）午、晚托负责人员的分成原则是：1人，100%；2人，主要负责人60%，协助40%；3人，主要负责人50%，协助各占25% 。

（5）寒暑假期间，午、晚托管理人员自动转为市场人员，业绩考核以招生为主，每人每月保底招生6人（可能会根据实际情况调整），超过6人的每人提成100元。

（6）招生提成的学员是指市场人员自主招生的，包括分区域招生、外出招生、电话招生和人脉招生。跟进和接待来访的算公司业绩不算个人业绩。

（7）午晚托、市场前台人员如有上课，在不影响其本职工作达成的情况下，提成按标准提成的一半叠加到其绩效工资上。当上课比较多时可以申请转成专职任课教师。

本章习题：

1. 午托班招聘全职教师有哪些渠道？
2. 招聘专业教师可按照哪些步骤进行？
3. 员工录用通知书包括哪些内容？
4. 在签订劳动合同时，应注意哪些问题？
5. 劳动合同有争议时，应采取哪些办法解决？
6. 简述签订劳动合同的步骤。

第三章

学生管理

本章学习目标：

1. 学会制作宣传单。
2. 掌握午托班的报告办法。
3. 熟知午休环境的要求。
4. 掌握饮食的管理方法。
5. 学会编制教学计划方案。
6. 掌握学生安全管理的方法。

第一节　招生管理

一、制作宣传单

午托班的宣传单，其制作目的是要简洁、全面地介绍午托班，吸引学生家长。所以，宣传单的制作非常重要，如图3-1所示。

图3-1　宣传单示例

（一）宣传单的内容

宣传单通常要包括以下内容：

（1）午托班的名字。

（2）服务项目。

（3）服务标准。

(4) 地址、联系人、联系电话。

(5) 相关图片。

(二) 宣传单的制作要求

(1) 文字要清楚、简洁、不啰唆，清晰易懂。

(2) 一定要写上地址和联系电话，也可附上一张简图。有些单位在制作招生简章时忘记把地址和联系电话写上，这会给人一点都不正规的感觉。

(3) 千万不要有错别字。

(4) 要图文并茂。最好把学生的卧室和吃饭场景，以及注册登记的证明都印在上面。但印之前一定要检查，确保图案是否正面、正确。

特别提示

不要放一大堆图片，突出重点就可以了，不要面面俱到。

(5) 页数不要太多，一般一页（两面）就可以了。

(6) 最好是彩色的。

二、制作招生简章

(一) 招生简章的内容

制作招生简章时应注意以下几方面内容：

(1) 午托班简介、宗旨及优势（特色）。

(2) 服务的范围。

(3) 服务的内容。

(4) 服务的对象。

(5) 服务的标准。

(6) 报名登记的方式及手续。

(7) 午托班的地址、联系方式。

（二）招生简章范本

招生简章的内容比宣传单更加详细，其目的是让家长全面地了解午托班的情况，以下提供范本作为参考。

【范本 08】

×× 午托班招生简章

××午托班为了减轻各位家长的后顾之忧，免去家长中午、晚上接送孩子之苦，旨在培养孩子良好的习惯和生活自理能力。××午托班特开设中小学生午托班、晚托班、全托班、寒暑假托管辅导班，全心全意为工作忙碌的家长服务。让家长们放心、宽心！

一、特色服务

1.教育

（1）聘请经验丰富、责任心强的老师进行教育管理。

（2）侧重于协助学生巩固学习基础，培养良好的学习、生活习惯和自理能力。

（3）指导学生完成课后作业。

2.接送

上学、放学由专人负责接送孩子。

3.就餐

（1）提供午餐、晚餐，由营养师按营养要求制定食谱。

（2）食品来源明确，定点采购，保证学生食品安全。

（3）学生就餐采取分餐制，确保每一个学生吃得饱、吃得好。

（4）餐具采用消毒柜进行高温消毒。

4.住宿

（1）备有男女生寝室，每人一个床位。

（2）房间配有空调，保证房间的空气干净、流通。

请注意：被褥、毛巾、水杯、拖鞋自备。

二、服务项目

××午托班的服务项目如下表所示：

××午托班的服务项目

服务项目	时 间	内 容
午托班	上午放学至下午上学期间	中午放学后接到午托班用餐
		饭后10分钟进行午休
		起床后用完水果送至学校
晚托班	下午放学至晚19:00	进行作业辅导
		预习第二天要学的课程
		完成当日学业后，根据学生兴趣特长开设第二课堂，内容有：作文训练、趣味数学、艺术手工制作、初级绘画、硬软笔规范训练
全托班	周一到周五	一周的生活管理、作业辅导
寒暑假托管辅导班	寒假、暑假	指导孩子阅读经典课外书刊，讲故事、聆听励志故事、名人传记，独立完成读后、听后感想
		口语交流、绘画、动漫欣赏、艺术手工制作、作业辅导

收费：

午托____元/月；晚托____元/月；午、晚托带作业辅导____元/月；全托____元/月；寒暑假托管辅导____元/月

三、报名登记

一次性缴纳一学期费用享受________折优惠。

衷心祝愿您的孩子能在××午托班，用有限的时间拥有无限的拓展！在快乐中轻松进步！××午托班常年招生，热忱欢迎家长、朋友们踊跃参观及报名！

把您的孩子交给我们，您就放心地上班、安心地工作吧！

联系方式：________________

联系电话：________________

电子邮箱：________________

QQ/MSN：________________

【范本09】

××午托班招生简章

您的孩子是否有挑食偏食、吃荤不吃素、不好好吃正餐而乱吃零食等坏习惯？

怎样改变他们饮食方面的坏习惯？

怎样使他们的营养达到全面均衡？

让我们来帮助您吧！

学生少年时期是由儿童发育到成年的黄金时期，是小孩体格和智力发育的关键时刻。如果您的孩子有饮食上的坏习惯，其营养就无法均衡，就会影响正常的生长发育。

我们的营养师具备扎实的营养学理论知识和丰富的学龄学生饮食调理经验。通过科学引导饮食、合理搭配食物，能有效改善学生的饮食状况，达到平衡膳食、均衡营养、促进健康的目的。

我们的实践一直深得家长的肯定和支持。请相信我们！

××午托班

现正招生

饮食改善班

每期限招 ________ 人。名额有限，额满即止！

电话：________

联系人：________ 老师

地址：________

【范本10】

××午托班招生简章

为减轻家长负担，免去家长中午、晚上接送孩子之苦，培养孩子的良好习惯和生活自理能力，培养文明礼仪的习惯，更好地学习与人相处，我园依托现有设备和师资力量，开设小学生午托班和晚托班。

一、服务及特色

1. 午托班、晚托班设在学生园，规模适中、设备齐全。

2. 学生园工作人员负责接送孩子及照料学生起居。

3. 提供午餐、午点、晚餐，由学生园营养师按营养要求制出定量食谱；食品来源明确，保证学生食品安全。

4. 每人一个床位。被褥、餐具、口杯、毛巾等生活用品自备。餐具由学生园统一消毒。

5.午托班托管时间为周一至周五中午放学到下午上学，由专人到学校门口接送。_________元/月（一餐一点）。

6. 晚托班托管时间为周一至周五下午放学至19:30分，由专人接送，组织孩子写作业或活动，家长到晚托班接孩子。_________元/月（两餐）。

7. 招收对象：在校小学生，身体健康，无遗传病、心脏病及传染病史。

二、办理手续程序

到园长处领取报名表并填写相关信息→到财务室交费→带学生到午托班认识带班老师和午托、晚托地点→教育孩子听从老师的管理并遵守有关的规则。

三、报名联系

园长电话：_________

【范本11】

××午托班招生简章

1.午餐

按每周食谱提供午餐。

2.午休

（1）夏季午睡，醒后饮水。

（2）冬季小憩，做作业。

3.接送

（1）中午放学时，老师在学校前门接，整队回来吃饭。

（2）下午上学时，老师送到学校门口。

（3）下午放学时，老师在学校前门接，家长按时接孩子。

4.服务对象

一至六年级小学生。

5.收费

每月________元一顿饭，________元两顿饭。

6.需备物品

餐具、被子、枕头。

7.独特优势

欣赏英语动画片、听英语录音，创设语言环境。

天凉了，可让您和孩子少受一些风寒！

冬雪里，减少您和孩子路滑的风险！

您不必再每天中午在校门口等着接孩子，每天下午按时送孩子。这些都交给我们吧！

每天花上几元钱，省出您一整天的时间。

培养孩子独立生活能力，集体合作意识！

电话：____________________

【范本12】

××午托班招生简章

尊敬的家长：

孩子是父母的希望和未来，孩子的健康成长牵动着每个父母的心。因为工作的忙碌，也许您正为孩子的午休和学习而烦恼，××午托班是您放心的港湾。

这里环境优越，科学的营养搭配使孩子的饮食更为合理，安全、卫生使孩子更为健壮，还有专业人员接送上、下学。在这里您的孩子能在慈母般的爱心、老师般的耐心和细心呵护下健康成长；我们随时与家长联系，及时了解孩子的状态及表现情况，努力培养孩子的学习热情和良好习惯。

生活环境：干净整洁的宿舍（____平方米左右），宽敞舒适、安全卫生。

室内硬件：空调、电视、热水、消毒柜等。

最佳地点：离××小学、××小学、××中学都很近。

软件方面：配有2～3名老师，身兼“教师、家长、保姆、朋友”四种身份，给予孩子学习、习惯、性格等方面的全方位教育。

把孩子交给我们，您就放心上班、安心工作吧！

业务范围：午休/午餐

招收对象：6～12岁健康的孩子。

收费标准：6～8岁 ______ 元/月，9～12岁 ______ 元/月。

报名地点：__________________

咨询电话：__________________

××午托班本着“急家长所急，解家长之忧”的服务原则，特向社会推出语文、数学、英语、美术等在职专业教师组成的小学生午托服务。

一、服务项目

（一）午托班

1.时间

上午放学至下午上学期间（收费标准：________元/月）。

2.内容

（1）中午放学后接到午托班用餐。

（2）饭后半小时进行口语指导训练。

（3）午休。

（4）起床后用完水果送至学校。

（二）晚托班

1.时间

下午放学至晚20:00（收费标准：________元/月）。

2.内容

（1）下午放学后接到午托班用餐。

（2）饭后半小时进行口语指导训练。

（3）随后进行晚自习，期间由语文、数学、英语等专职教师进行作业辅导。

（4）完成当日学业后，根据学生兴趣特长开设第二课堂。内容有：作文训练、趣味教学、国际象棋、艺术手工制作、初级绘画、硬软笔规范训练。

（5）20:00学生开始返家。

（三）午晚托班

时间、内容即午托、晚托安排（收费标准：________元/月）。

（四）临时班

时间内容同上（收费标准：午托________元/天，晚托________元/天）。

二、报名登记

1. 家长须持学生的1寸近照到______区______幢______室填表登记。

咨询电话：____________。

2. 一次性缴纳一学期费用享受折扣优惠。

衷心祝愿您的孩子能在××午托班，用有限的时间，有无限的拓展！在快乐中轻松进步！××午托班常年招生，热忱欢迎家长们踊跃参观及报名！

××午托班

××××年××月××日

三、午托班的招生方法

午托班一般设置在学校周围，它的服务半径并不大，所以，不能像其他办学机构一样建立自己的网站，在报纸、电视上发布广告。另外，这样做成本太大，薄利经营的午托班也难以承担。不过，如果做到一定规模也可以考虑扩大服务半径。

就目前而言，午托班主要有如下几种招生方法，若能用好，午托班不会缺乏生源。

（一）校门口发宣传单（招生简章）

这是最主要的方法，尽管这种方法许多报纸、媒体都有批评。校门口是直接接触服务对象的地方，所以，在校门口发放宣传单是很好的招生方式。

在校门口发放宣传单的时机通常是新学期开学时的一两个星期，早上家长送孩子来的时候，把宣传单发出去。在这一段时期，可以多聘请几个人来帮助发放，同时，在午托班内也要安排有人接待前来考察的家长。

特别提示

派发宣传单的人长得不一定要漂亮，但形象一定要好，要干净、整洁。如果是一个很邋遢的人在派发，有的家长会嫌脏，连宣传单都不愿意接，当然，最关键的是对午托班的卫生会有怀疑。

（二）学生推荐

可以请学生推荐，给予一定的奖励。比如，推荐一位学生入午托班，可以减免××元的费用。

当然，最重要的是午托班在安全、卫生、学生管理上要做得好，使学生乐意告诉其他人，产生口耳相传的作用。

【案例1】

饮食做得好，家长积极推荐

有一家午托班，聘请了一位在酒店做过厨师的人做午餐，学生都非常喜欢吃那里的饭菜。有一次，一位家长带着孩子来要求入托，说："我听某某同学的家长说，你这里的饭菜很好，孩子们爱吃，她也吃过觉得好吃。"

原来，这位孩子的家长也有一位朋友开午托班，就在这家午托班的旁边。可是孩子不爱吃那里的饭，这位家长开始觉得孩子是不是太娇气了，没理会。后来自己也去吃过一顿，确实是不好吃，而且量少，满足不了孩子身体成长的需求。有一天，在和学生的家长聊天时，说起这事，学生的家长就推荐了这家午托班。

【案例2】

活动场地大，学生慕名前来

还有一家午托班，室内活动场地比较大，最主要的是在其门前还有一片空旷的地方，那里可以打羽毛球、跳绳、踢毽子……午托班配置了象棋、围棋、拼图、羽毛球、跳绳、毽子……每天下午，那些晚托的学生做完作业以后，就三五成群地在一起欢快地玩。结果午托的学生及其家长把这些信息在平常的聊天中传播了出去，所以，有许多家长带着孩子慕名前来报名。

【案例3】

家长参与，午托班其乐融融

一个午托班的老板娘是东北人，自己会包饺子，每周都会包一次饺子给学生们吃，同时，每周还邀请一位家长来吃午餐。她包的饺子，馅大、汁多、皮薄，学生们都爱吃，回去跟家长嚷嚷要吃饺子。可是，南方的许多家长并不会包饺子。于是，有一些家长在包饺子的那一天就来到午托班一起帮忙包饺子。家长的参与，使得午托班其乐融融，就像一个家庭一样。有的家长因此将孩子在这个午托班一托就是几年，孩子读初中了，不用午托了，但中午饭仍选择在该午托班就餐。

（三）老师推荐

要尽可能多地认识学校的老师，尤其是班主任，如果有班主任为你做介绍，那就事半功倍了。

（四）亲戚朋友推荐

要把开办午托班的消息尽可能多地告诉自己的亲戚朋友，让他们免费做宣传。

（五）手机发短信

手机上发短信也是一个不错的方法。手机短信一定要短，要把午托班的业务内容、特色介绍清楚。当然，最后一定不要忘了把地址和联系电话写上去。

（六）网络推广

现在，大多数年轻的家长都会经常在网上浏览相关信息，因此可将招生广告发布到相关社区论坛，也可利用QQ、MSN、博客、微博等发布招生信息。这无疑是一个省时、省力的好方法。

四、家长须知

一般来说，在招到学生入托时，午托班应给学生家长发放《家长须知》，以明确家长的责任。以下提供范本作为参考。

【范本 13】

暑期托管班招生

一年一度的暑假又将到来了！为了解除您的后顾之忧，安心工作，也为了给您的孩子一个愉快而又有意义的假期，我们特别推出暑期托管班。

一、托管须知

1. 托管时间：每周星期一至星期五8:00—18:00。

2. 托管对象：学龄儿童（小学1～6年级学生）。

3. 托管地点：________________。班计划接收人数：________人。

4. 托管环境与设施：空调、电视、电脑上网、30个床位，一楼有活动场地。

5. 收费标准：托管费、伙食费共计____元/人/月（周六、日，节假日除外）；临时托______元/人/天。

6. 托管服务内容：老师们负责孩子各科学习上的问题，由专人负责孩子的日常生活。

7. 报名时间：××××年6月。开班时间：××××年7月1日。

报名时，家长须提供真实姓名，随时有效的联系电话，详细住址以及学生的性别、年龄等相关信息。

8. 联系电话：_____________。

9. 联系人：××老师。

二、每天的时间安排

1. 8:30—10:00：写暑假作业（语文、数学），老师给予辅导。

10:00—11:30：组织户外活动，如扔沙包、跳绳、游戏等，或公益活动。也可在室内活动，包括阅读、画画、手工等。

11:30—12:30：统一午餐。

12:30—14:00：午休。

14:00—15:00：室内活动，主要安排课外学习及有针对性的复习与预习。包括读书读报，可根据家长要求督促孩子有目的地学习。

15:00—16:00：户外活动。

16:00—16:30：供应小点心、水果、冰激凌等。

16:30—18:00：自由活动。阅读，剪纸，手工、棋类、益智游戏及体育比赛等。

2. 每周有一次外出活动（科技馆、博物馆）等（费用另计）。

五、托辅协议的签署

午托班应和家长签署托辅协议，以明确午托班、家长、学生三方的责任，以避免不必要的纠纷。以下提供范本作为参考。

【范本14】

××午托班托辅协议

一、午托班职责

1. 为托辅学生提供良好的吃、住、功课补习环境。

2. 保证食品的安全卫生，膳食的营养搭配做到科学合理。

3. 加强在班安全管理，做到学生在班全程陪护。

4. 有爱心、负责任，对学生的学习、生活耐心指导，严格要求，注重学生良好习惯的养成。

5. 关注每一个学生，对每一个在午托班的学生做好评价记录，并积极与家长沟通，定期反馈孩子在午托班的生活、学习情况。遇到任何特殊情况，第一时间告知家长，共同解决。

二、家长职责

1. 对孩子进行安全教育，敦促孩子按时到班、离班，确保自身安全。

2. 对孩子进行纪律教育，要求孩子遵守托辅制度，服从托辅老师的管理。

3. 支持配合午托班的各项教育教学管理工作，沟通合作，齐抓共管，共同促进孩子的发展。

4. 按照午托班制度，依约缴纳托辅费用。

三、学生守则

1.请假

（1）按时到班、离班，不得在校外或班外逗留。

（2）未经托辅老师批准，不得擅自出班。

（3）因特殊情况不能按时到班或中途请假，须经家长许可，并于事前电话告知托辅老师。

2.文明守纪

（1）在班中轻声慢步，不大声喧哗，不追逐打闹。

（2）服从老师的管理，不顶撞老师。

（3）团结同学，遇任何矛盾及时报告老师处理。

3.学会生活

不偏食挑食，不随意浪费；爱护环境，讲究卫生；与他人友好相处。

4.学会学习

（1）独立思考，不过多依赖他人。

（2）讲求方法、效率，按时完成功课，虚心接受老师的指导、要求。

5.积极进取，敢于竞争

在学习、生活、纪律等各方面争先创优，努力成为最优秀的学生。

××午托班

_____年_____月_____日

【范本15】

××午托班学生托管协议书

甲方：

乙方：

甲方为方便子女接受教育，经考察决定将现就读于_____________学校的学生______交由乙方托管。为明确权利义务，经双方平等协商，达成协议如下。

一、甲方委托乙方在指定期间履行对学生的看护及教育管理责任。乙方要以高度负责和敬业奉献的精神，为学生提供安全、适当、科学的学习与生活环境，使学生的素质得到全面发展和提高。

二、甲方愿意接受本协议所约定的条件及守则，并委托乙方在紧急情况或不能联络甲方时代表甲方对学生做出合理的决定，并获得代表甲方签字的权利。

三、乙方在学生托管期间负责学生上下学的接送、食宿、课外辅导等有关事宜，具体如下。

1.接送：在学校指定的上学与放学时间，按时接送学生，履行校外接送过程中的安全保障义务。甲方应在每周星期五晚20:30以前将学生接回。

2.食宿：提供床铺、课桌等相关用品，被褥、洗漱用具等由甲方自理。托管期间全权负责学生的饮食起居（午餐除外，被褥清洗由乙方自行负责）。乙方保证提供的食宿条件符合学生生长发育及学习的基本要求，确保学生的身体健康不因食宿条件受到影响。

3.课业辅导：负责每天督促学生完成作业，并在必要时给予相应辅导。

四、委托期限：自____年____月____日至____年____月____日（双休日及国家法定节假日除外）。

五、报酬及支付方式：托管费______元/月，每月托管开始之日缴纳。甲方应以负责的态度按时缴纳托管费用，延期缴纳须经乙方同意，否则乙方应在合理期限内通知甲方缴纳，如甲方拒不缴纳，乙方有权解除合同。

六、甲方要配合乙方为学生创造良好的学习条件和氛围，教育学生遵守托管期间的有关规定，不得自行外出、擅自脱离乙方监护。

因下列原因或者学生擅自脱离监护发生意外事故而致学生人身或者财产损失的，乙方已履行了相应职责，行为并无不当的，甲方不得向乙方提出赔偿要求：

1.地震、雷击、台风、洪水等不可抗拒的自然因素造成的。

2.来自学生寄宿地点外部的突发性、偶发性或第三方侵害造成的。

3.学生有特异体质、特定疾病或者异常心理状态，甲方没有主动告知乙方，乙方不知道或者难于知道的。

4.学生在就读学校发生意外伤害的。

5.学生自杀、自伤的。

6.因学生自身原因或其他意外因素造成的。

七、乙方有义务提供安全的食宿条件，确保在学生托管期间履行监护义务。对因提供条件不当、乙方故意或重大过失未能充分履行监护义务，造成甲方财产或人身损害的，乙方应当承担相应赔偿责任。

八、学生托管期间，食用药品一般应遵照医嘱进行。托管期间若出现较重疾病或其他需要紧急救助的情况，乙方要及时告知甲方，甲方得此信息后应立即前往进行积极救助。如果情况紧急，乙方应及时将学生送往医疗机构救治，如乙方为此垫支抢救、治疗、住院等费用，甲方应尽快将所有费用据实归还乙方。对不服从乙方教育管理，擅自外出或打架斗殴对他人或自身造成伤害的，其后果由甲方自行承担。

九、甲方须配合乙方教育学生保管好自己的财物，大额财物可交由乙方代为保管。若非乙方管理责任原因，学生因大意或者保管不善丢失财物，乙方应协助甲方积极寻找，如寻找未果，乙方不承担经济赔偿责任。

十、在本协议签订之前，乙方应实事求是地介绍所能提供的各种条件，不得对甲方做出任何不符合事实的宣传或评价。如果由此造成对学生的不良影响，乙方应承担相应责任。

十一、协议解除

甲方对乙方服务不满意或因其他原因可随时解除本协议，其费用按足月结算，不足半月的按半月计算。

学生有下列行为之一的，乙方可通知甲方终止协议，其费用按时间据实结算。造成乙方或他人人身财产损失的，甲方应承担相应赔偿责任。

1. 五次以上不听从乙方管理，经教育无悔改表现的。

2. 故意伤害同住其他学生，造成严重后果的。

3. 故意损毁乙方财物造成重大损失的。

4. 偷盗公私财物无悔改表现的。

5. 其他严重影响托管协议实施的行为。

十二、甲方要积极主动地保持与乙方的联系和配合，甲方如果发生住址、单位、电话等联系方式的变更应该及时通知乙方。乙方也要将学生托管期间的表现与变化情况充分告知甲方，配合甲方确定学生的教育方案。

十三、本协议自双方签字盖章之日起生效，协议一式两份，甲乙双方各执一份。未尽事宜，由甲乙双方协商解决，协商不成的，按照《合同法》的有关规定处理。

甲方（签字）：	乙方（签字）：
联系电话：	联系电话：
家庭住址：	公司地址：
工作单位：	

____年____月____日

【范本16】

××托管中心学生安全责任书

为了确保学生在托管期间的人身安全，严格责任界限，根据教育部颁发的《学生伤害事故处理办法》和有关法律、法规规定，结合托管中心实际，特制定本安全责任书，凡学生不认同本责任书可拒绝入托。

1. 学生的监护人是学生的父母或依法确定的监护人，其监护关系不因学生的入托而转移给托管中心。托管中心与学生只是托管管理关系，监护人应对学生进行安全教育和遵纪守法教育，学生在托期间托管中心应对学生进行安全教育和遵纪守法教育。

2. 学生在托管中心生活、学习期间，因第三人或个人的原因造成身体受到伤害，由第三人或监护人承担赔偿责任；造成他人人身或财产损害的，由其监护人承担赔偿责任。如能够证明托管中心有过错的，按托管中心过错的大小确定托管中心应承担的赔偿责任。构成犯罪的，移交司法机关处理。

3. 符合下列条件即可确定托管中心无过错：

（1）损害事件的发生与托管中心的设施无关，或者虽与托管的设施有关，但托管中心的设施并无缺陷。

（2）托管中心或托管老师履行了应尽的教育管理职责，损害事件仍不可避免地发生。

4. 家长接到学生（或自行回家的学生）应立即离开托管中心回家。非托管中心或托管老师的原因，学生在托管中心滞留、途中嬉戏玩耍，造成伤害的，托管中心不承担赔偿责任。

5. 严禁托管老师侮辱、殴打、体罚或变相体罚学生，如因此造成后果的由托管老师本人负责或由托管老师和托管中心共同负责，托管中心还可根据情节对托管老师进行纪律处分。但托管老师履行职责，进行正常的批评教育，出现意外后果的，托管中心不负责任。

6. 托管中心开展室内外集体活动时，因托管中心组织不周，造成意外伤害，托管中心应承担一定责任；因学生不听指挥，违背有关规定，造成意外伤害，托管中心不承担责任。日常托管期间，学生未到或私自离开托管中心，托管中心及时通知学生的监护人，学生因此造成社会危害或出现意外事故的，托管中心不承担责任。

7. 托管中心老师接送学生放学、上学，应严格遵守交通规则。严禁学生违反交通规则。违反规定出现事故，托管中心不负责任。

8. 托管中心严禁学生玩火、玩电、玩水、玩摔炮、玩锐刃或钝器物，因此发生赔偿纠纷，一般由肇事方承担责任；如果肇事方或受害方能证明托管中心、托管老师明知有上述危险情形而不制止的，托管中心或托管老师承担部分责任。

9. 托管中心老师应准时接送学生，学生放学应在指定位置等候托管中心老师，不应随意离开。学生家长或亲属朋友如有另外安排需临时直接从学校接走学生，应提前通知托管中心。

10.教职员工擅离工作岗位，或虽在工作岗位但未认真履行职责，或违反工作要求或操作规程造成事故的，由擅自离岗或违反规程的工作人员负责。

11.学生在托管中心活动中发生安全事故或受到意外伤害，在学生投保的情况下托管中心有责任积极配合家长向保险公司申请索赔。

12.学生在已经投保的情况下发生安全事故，其父母（监护人）不愿协商、调解的，或经协商、调解不成的，可依法向人民法院提起诉讼。

13.托管中心必须保证学生的饮食安全（有忌口的入托之前必须书面说明情况）。

14.其他未尽事宜，经学生家长与托管中心双方友好协商可在以下增补：

____

家长确认签字：　　　　　　　　　××学生托管中心

____年____月____日　　　　　　　____年____月____日

【范本17】

留守儿童托管协议

甲方：××留守儿童之家

乙方：________（监护人）________ 监护对象：____________

甲乙双方根据平等互利的原则，经协商签订如下协议。

一、甲方为乙方提供留守儿童日常生活环境、课外学习辅导、健康状况的及时通知等工作。

二、甲方在可能的情况下，每月通过电话、网络等方式和乙方或家长就托管留守儿童有关情况做通报、交流。在外务工的父母要确保每年至少回家一次。

三、乙方是留守儿童的监护人，孩子托管后，乙方对子女仍负有不可推卸的教育责任，乙方要保证每周与留守儿童的沟通、教育一次。指定临时监护人，以便在出现重大事情时能到场处理，否则由此造成的后果由乙方负责。

四、托管期为本学期每周的上课期间。

五、甲方要为留守儿童建立健康档案，托管孩子身体状况若发生变化，要及时通知乙方和临时监护人。

六、甲方要加强对留守儿童的管理，防止意外发生。如果留守儿童在校期间人为或者故意损坏公物，所造成的损失由乙方负全责。

七、乙方要遵守甲方的一切安全条例，如严禁留守儿童携带管制刀具或其他危险物品到校等。留守儿童如不遵守学校的任一安全条例，所造成的一切损失由乙方负责。

八、乙方承认本协议，自愿将孩子送甲方托管，托管期限为____年___月___日至____年___月___日。

九、此协议一式两份，甲乙双方各一份，一份存档，协议双方签字后生效。

甲方：××留守儿童之家　　　　乙　　方：

（盖章）　　　　监护人电话：

临时监护人电话：

日　　期：

【案例】

送儿午托引起法律纠纷

李某是××小学的一名学生，由于其父母工作忙，中午没有时间接送，便将李某托管于该校园内办的午托班吃饭、休息、做作业，双方没有签订任何协议。某日中午13时左右，李某在校园内的攀登架上玩耍，不慎从上面跌落下来，造成李某受伤。因此，李某父母一纸诉状将该午托班告上法庭。最终法院判定认为该午托班疏于管理导致李某受伤，该午托班没有及时通知家长，使孩子错过了良好的治疗时机。要求该午托班赔偿李某医疗费、护理费等损失共计9 580.84元。

可见，午托班和学生父母签订书面托辅协议，以明确彼此的责任，是多么重要。

六、学生的登记管理

作为午托班管理者，应在招收学生后，认真编制“午托班学生花名册”。其具体内容包括：学生的姓名、性别、班次、交费时间、标准、家长姓名、联系电话等。其具体格式见表3-1。

表3-1　　午托班学生花名册

序号	姓名	性别	就读学校	年级/班次	交费时间	标准	家长姓名	联系电话	备注

学生花名册要有专人管理，必须放在一个专用的文件夹里。对这些入托的学生情况要多了解，可在家长来接学生的时候多沟通，也可以打电话进行了解。比如，一位家长聊天时说下半年小孩的外公外婆要过来，就可以预计到这个学生下个学期就不会来了。一般来说，每到学期末必须对下一学期继续午托的人数有所了解。从而为下一个学期的招生计划打好基础。

第二节　学生的午休管理

一、学生午休的重要性

（一）学习是一个高强度的脑力劳动过程

学习需要学生时刻保持清醒的头脑，否则将难以保证学习效率。学习离不开养精蓄锐，不能打疲劳战，必须注意劳逸结合。学生只有保证足够的睡眠，才能保证有充沛的精力，才能提高学习效率。如果中午得不到较好的休息，学生就会在下午上课时萎靡不振，提不起学习兴趣，久而久之会产生厌学的心理。

同时，还会使晚自习的学习效率受到影响，不是打瞌睡，就是精力不集中，甚至还会影响到第二天上午的学习。

因此，中午必须让学生按时午休，从而使学生养成午休的良好习惯。哪怕让学生睡半个小时或20分钟，都会使其下午及晚上的学习效率有较大提高。

（二）中午学习效率最低

（1）因为上午及下午的学习都会对中午的学习产生影响。有的同学为了拼时间利用午间进行学习，其实效果并不理想，甚至是在做无用功。

（2）午间不休息还会影响下午及晚上的学习。

特别提示

学生每天必须保证8小时以上的睡眠时间，中午休息不仅使学生8小时睡眠得到了保证，而且是时间上的最合理利用。即让学生在学习效率最低的时间去休息，来换取其他时间的高效率。

二、午休环境要求

（一）合理安排床位

要根据房间面积的大小和学生的人数，合理安排床位，并且最好把每个学生安排在固定的床位。这不仅方便工作人员准确清点人数，也方便学生被褥等的管理。当然，如有特殊情况，可进行适当的调整。

（二）定期清洗床上用品

床上用品要经常清洗，尤其是枕套。小朋友睡觉时特别容易出汗，汗湿的枕套如果不及时清洗，容易滋生细菌，使本来棉质的枕头变质，不利于学生的健康。被子和席子也要多清洗或在太阳底下暴晒，以达到杀菌消毒的效果。

（三）做好室内卫生

（1）要做到每天开窗通风和清洁卧室内的卫生，以保持室内空气的新鲜和环境的舒适、干净。

（2）在流行病高发的季节里，一定要做到勤消毒。可选择醋薰、消毒水、紫外线灯等办法来消毒，以确保学生身体健康。

（3）夏天要注意空调和风扇的合理使用，炎热的夏季，可提前20～30分钟将卧室内的空调打开，为学生创造一个舒适的睡眠空间，可以让学生更快更好地入睡。

（四）保证午睡环境

睡前将窗帘放下，关掉灯，使卧室呈现一种暗的环境。另外，要使卧室保持安静，值勤工作人员说话要轻声细语。如果有学生在聊天、看书等，要轻轻地走过去，以动作予以提醒。等学生入睡后，值班老师要做到勤巡视，帮助学生盖好被子，纠正学生不正确的睡姿等。

三、午休管理要点

午休虽是促进学生健康的一种良好手段，但也要讲究科学，否则将会适得其反。因此，学生午休时，午托班从业人员要注意以下事项。

（一）午休的时间要求

午休时间最好控制在0.5～1小时内。否则醒来会很不舒服。如果学生不小心睡太久，可让学生用冷水洗脸，这样的话不适感会很快消失。

（二）午休的姿势要求

学生最理想的午休姿势是舒舒服服地躺下，平卧或侧卧，最好是头高脚低，向右侧卧。这样可以减轻学生心脏的压力，防止打鼾，还可以帮助胃里的食物向十二指肠移动。

特别提示

学生午休不能太随意，不要让学生坐着或趴在桌上睡。因为这样会减少头部供血，使学生睡醒后出现头昏、眼花、乏力等大脑缺血缺氧的症状。如果用手当枕头会使学生眼球受压，久而久之容易诱发眼病；如果学生趴在桌上午休，则会压迫胸部，影响血液循环和神经传导，使学生双臂、双手发麻、刺痛。

（三）午休的保暖要求

天气再热，午休时也要在学生腹部盖毛巾被或被子，以防凉气乘虚而入。

（四）午休前的饮食要求

睡前不要让学生吃太油腻的食物，也不要让其吃得过饱。因为：

（1）油腻会增加血液的黏稠度，加速冠状动脉病变。

（2）过饱则会加重胃的消化负担。

（五）午休前的活动要求

午休前最好让学生活动约10分钟，如散散步，以利于食物的消化。

特别提示

如果午饭后就让学生马上睡觉，则会引起学生的大脑供血不足。因为这时学生的胃刚被食物充满，大量的血液流向胃，血压下降，大脑供氧及营养明显下降。

（六）午休的纪律要求

针对学生午休时聊天、看书等情况，应制定午休纪律规定，并告知家长与学生，要求家长配合并教育孩子遵守午托班的午休纪律。

（1）按时午睡，规定午睡铃响后上床睡觉，不得随意走动。

（2）午睡时间不做与午睡无关的事情，如看书报、做作业、吃东西、聊天、说笑。午托班将安排专人进行检查。

（3）严禁未请假外出。有事外出，须由家长亲自电话告知。

（七）午休的叫醒

有的学生会睡过头，所以一定要设一个闹铃，比如说2:30上课，则闹铃要设置在2:00，并安排专人检查学生是否在那个时刻起床。

【案例】

男生上学迟到，家长投诉午托班

某日下午2:40，午托班的工作人员小张开始整理学生床铺，突然听到轻微的鼾声，小张赶紧检查。果然，靠墙的床上，一个小男生正酣睡着，脸上露出甜甜的笑容。小张赶紧摇醒这个小男生，协助其快速穿上衣服，并护送到学校。这位男生迟到了，受了批评。当天晚上，午托班就接到了投诉电话。

（八）午休后的卫生要求

（1）按消毒程序对学生使用过的毛巾、茶具、室内空气等进行消毒、通风。
（2）按时清扫责任区内的环境卫生和个人卫生。

第三节　学生的饮食管理

一、午餐的重要性

（一）从学生的营养上来看

如果午托班的膳食结构单一，经常在午托班吃饭的学生，就容易出现营养素供应不足的情况。长此以往就会影响学生的生长发育。

特别提示

一顿午餐所含各类营养素的摄入量应占《推荐的每日膳食中营养素供给量标准》（详见“相关知识”）全天推荐量的40%。所以学生午餐的重要性是不言而喻的。

相关知识：

《推荐的每日膳食中营养素供给量标准》

1988年10月修订的《推荐的每日膳食中营养素供给量标准》中各

年龄组营养素供给量平均值的40%，结合我国的饮食习惯制定的。其目的在于有效地防治贫血、营养不良等学生常见病。

1.术语定义

（1）学生营养午餐。

在上学日，由午托班食堂或饮食供应中心等，为在校学生提供符合营养要求的午餐。

（2）营养午餐标准。

以一周5天为单位的日平均食物摄入量，午餐各类营养素的摄入量应占《推荐的每日膳食中，营养素供给量标准》的40%。

2.学生营养午餐标准

（1）学生营养午餐营养素摄入标准值见下表。

学生营养午餐营养素摄入标准值（每人每餐）

营养素	中小学生		
	6～8岁	9～11岁	12～15岁
热量（MJ）	2.92	3.34	3.89
蛋白质（g）	24	28	32
来自动物或大豆的蛋白质（g）	8～12	10～14	11～16
脂肪（g）	占总热量30%以下	占总热量30%以下	占总热量30%以下
钙（mg）	320	400	480
铁（mg）	4	4.8	7.2
锌（mg）	4	6.0	6.0
视黄醇当量（μg）	300	300	320
维生素B（mg）	0.5	0.6	0.7
维生素C（mg）	18	20	24

注：1 MJ=1 000千焦耳，1千焦耳（kJ）=0.239千卡。

（2）学生营养午餐各类食物的供给量标准见下表，鉴于各地经济及生产发展的不平衡，提出了两种食物供给量标准模式。

学生营养午餐各类食物摄入标准值

单位：g

模式	食物分类	小学生		初中生
		6～8岁平均体重21.9kg	9～11岁平均体重29.1kg	12～15岁平均体重40.6kg
模式（一）	粮食类（包括谷类、除大豆以外的干豆类、薯类）	100	150	200
	动物性食品（包括畜肉、禽、鱼、虾、蛋、动物内脏等）	50	65	75
	奶类	100	125	125
	大豆及其制品	20	25	30
	蔬菜	120	150	200
	植物油	5	6	7
模式（二）	粮食类（包括谷类、除大豆以外的干豆类、薯类）	120	170	220
	动物性食品（包括畜肉、禽、鱼、虾、蛋、动物内脏等）	25	30	35
	豆粉	40	50	50
	大豆及其制品	40	50	60
	蔬菜	120	170	220
	植物油	6	5	8

注：（1）豆粉应冲成适量豆浆饮用。

（2）所列数量均为可食部分。

（3）蔬菜组成一半以上应为绿色蔬菜。

（4）大豆及其制品量以豆腐干为准。

（3）学生营养午餐所用食物原料的卫生要求。食物原料质量应符合有关的食品卫生标准，不得采用有毒、有害、变质的食物原料。

（4）各类食物应经常调换品种，尽可能地做到品种多样化。

（5）食盐要限量，每人每日食用量以不超过10g为宜，午餐不宜超过3g。

（6）学生营养午餐中的饱和脂肪不超过总脂肪的1/3。午餐不得以糕点、甜食取代副食。

3.营养教育

在该标准的实施过程中，应向学生进行营养教育，使学生了解何谓平衡膳食以及各类食物的营养价值，培养良好的饮食习惯。午托班还应每周公布学生营养午餐营养素的摄入量及带量食谱。

（二）从学生的健康上来看

一些学生由于午餐吃不好，就更容易加大零食的摄入量，会在晚餐时“恶补”回来，不加节制地吃大鱼大肉。这样很容易造成肥胖。

二、饮食的管理方法

“营养午餐”是午托班的重要业务之一。为了学生的营养均衡和健康成长，午托班的主办人员在制定食谱（见图3-2）时最好向有关的营养专家、营养师进行咨询。

将每周的食谱制定出来，并贴在墙上，让学生、家长都心中有数。

图3-2　学生食谱

（一）制作营养食谱

午托班管理者应根据营养午餐食物标准数量，结合该地区季节的食物供应情况、食堂设备、厨师的技术力量、学生家庭的经济条件、饮食习惯等因素编制切实可行的食谱。一般每周编制一次带有主副食名称和原料数量的带量食谱。编制时既要考虑色、香、味，易于消化，卫生安全，也要考虑营养素含量及配比。

1.主食

主食应力求多样化，米、面、玉米面、各种干豆类，更换品种，防止长期摄取一种主食。

在红薯、马铃薯供应较多地区，如以薯类作为主食的一部分，依热量进行折合，薯类发热量约为谷类的0.3倍，即100g红薯发热量相当于30g谷类。

2.副食

（1）动物性食品。畜肉、禽、鱼、蛋等食物均为优质蛋白的良好来源，但其成分并不完全相同，所以应搭配食用。

✓蛋类不能代替肉。蛋黄中含较多的胆固醇，所以从小不宜吃过多的蛋黄等含胆固醇多的食物。

✓肉是预防缺铁性贫血良好的食物。

畜肉、禽肉应以瘦肉为主，少吃肥肉，防止摄入过多的饱和脂肪酸。鱼油富含不饱和脂肪酸，有条件者可以多吃些鱼。

营养调查结果显示，中小学生对维生素A的摄入量普遍不足。而动物肝脏是维生素A含量最多的食物，所以每周摄入25g动物肝脏是有益的。

（2）大豆及其制品。本标准所规定豆制品的数量是以豆腐干为1，其他豆制品则依其蛋白质含量进行折合，其比例见表3-2。

表3-2　　大豆及其制品蛋白质含量

豆制品种类	质量（g）	相当于豆腐干的克数（g）
干黄豆或黄豆粉	1	2.2
干腐竹	1	2.6
豆腐丝	1	1
素鸡	1	0.8
北豆腐	1	0.4
南豆腐	1	0.3

（3）植物油数量。随菜量及年龄的增加逐渐增多。

（4）钙的摄入。为了增加学生钙的摄入，应尽量让学生吃些芝麻酱以及虾皮、海带、紫菜等海产品。一定要用加碘食盐。

（5）水果并未列入，有条件的学生每日应吃适量水果。

3.减少烹调处理过程中营养素的流失

（1）主食

✓米不应长时间浸泡在水中，洗米的次数不应太多，不宜采用“捞饭”方法，以防维生素、矿物质等溶于水的营养素流失。

✓煮米粥不应加碱，发酵面食加碱不应过量，以减少维生素的破坏。

（2）副食。蔬菜要先洗后切，不应在水中长时间浸泡，以防可溶性维生素的流失。

【范本18】

××大型托管机构九、十月份午餐营养食谱

第1周营养食谱

9月4—8日

星期	星期一	星期二	星期三	星期四	星期五
食谱	米饭、面食 雪菜扣肉 鸡蛋西红柿 蒜蓉油麦菜 白菜豆腐汤	米饭、面食 酱爆鸡丁 肉末地三鲜 蒜蓉小油菜 玉米面粥	米饭、面食 冬瓜烧丸子 肉末烧豆腐 西红柿炒圆白菜 紫菜蛋花汤	米饭、面食 肉片茄子 番茄菜花 粉丝小白菜 紫米粥	米饭、面食 北菇蒸滑鸡 肉末圆粉烧海带丝 三色冬瓜片 酸辣汤

第2周营养食谱

9月11—15日

星期	星期一	星期二	星期三	星期四	星期五
食谱	米饭、面食 土豆牛腩 肉片西葫芦 鸡蛋菠菜 西红柿鸡蛋汤	米饭、面食 鸡蛋炒肉 丸子烧白菜 黄豆芹菜 红薯粥	米饭、面食 鱼香肉丝 鸡蛋西红柿 果仁盖菜 疙瘩汤	米饭、面食 豉香肉片 肉末豆腐 虾皮小白菜 紫菜蛋花汤	米饭、面食 松蘑土豆丝 香菇油菜 红烧排骨 酸辣汤

第3周营养食谱

9月18—22日

星期	星期一	星期二	星期三	星期四	星期五
食谱	米饭、面食 孜然泥肠 肉丝芹菜 枸杞白菜 西红柿鸡蛋汤	米饭、面食 黄豆红根焖鸭块 肉末冬瓜 蒜蓉油麦菜 红豆粥	米饭、面食 鱼香肉片 肉末粉条炒银芽 果粒小白菜 粉丝菠菜汤	米饭、面食 红烧小四喜 肉末炒西葫丁 清炒油菜 紫米粥	米饭、面食 溜炒黑椒鸡 西红柿炖豆腐 素什锦 酸辣汤

第4周营养食谱

9月25—30日

星期	星期一	星期二	星期三	星期四	星期五	星期六
食谱	米饭、面食 土豆炖肉 荷塘小炒 蒜蓉油菜 粥或汤	米饭、面食 辣子鸡丁 肉炒豇豆 清炒冬瓜片 粥或汤	米饭、面食 肉片烧茄子 鸡蛋西红柿 蒜蓉生菜 粥或汤	米饭、面食 炸鱼排 松蘑土豆丝 蒜蓉西葫芦 粥或汤	米饭、面食 红烧排骨 肉末豆腐 麻油小白菜 粥或汤	米饭、面食 咖喱鸡块 香干西芹 三色圆白菜 粥或汤

第5周营养食谱

10月8—13日

星期	星期日	星期一	星期二	星期三	星期四	星期五
食谱	米饭、面食 红烧带鱼 松蘑土豆丝 果仁盖菜 西红柿鸡蛋汤	米饭、面食 孜然泥肠 烧茄子 黄豆西芹 白薯粥	米饭、面食 天香鸭条 白菜粉丝烧排骨 蒜蓉油麦菜 紫菜蛋花汤	米饭、面食 红烧丸子 荷塘小炒 蒜蓉生菜 疙瘩汤	米饭、面食 木须肉 肉末冬瓜 蒜蓉油菜 红豆粥	米饭、面食 豉香鸡 肉末烧豆腐 粉条圆白菜 酸辣汤

第6周营养食谱

10月16—20日

星期	星期一	星期二	星期三	星期四	星期五
食谱	米饭、面食 京酱肉丝 肉片青椒土豆片 蒜蓉菠菜 西红柿蛋花汤	米饭、面食 炸鱼排 肉末粉丝炒银芽 清炒冬瓜片 二米粥	米饭、面食 蚝油肉片 麻婆豆腐 蒜蓉生菜 面片汤	米饭、面食 土豆牛腩 什锦玉米粒 香菇油菜 白薯粥	米饭、面食 包子 榨菜肉丝 酸辣汤

第7周营养食谱

10月23—27日

星期	星期一	星期二	星期三	星期四	星期五
食谱	米饭、面食 香糯腐乳汁烧肉片 肉炒菜花 蒜蓉生菜 紫菜蛋花汤	米饭、面食 红烧泥肠 肉末冬瓜 醋熘津白 玉米碴粥	米饭、面食 肉片茄子 西红柿鸡蛋 粉条小白菜 西红柿鸡蛋汤	米饭、面食 青椒炒鸡丁 针蘑土豆丝 茄汁西葫芦 二米粥	米饭、面食 红烧排骨 肉末豆腐 蒜蓉油菜 酸辣汤

【范本19】

××中小型托管机构九、十月份午餐营养食谱

第1周营养食谱

9月25—30日

日期	食　谱
星期六	番茄鸡蛋面、芝麻葱油卷
星期日	米饭、啤酒鸭、香菇菜心、醋熘西葫芦、苹果汤
星期一	大肉高汤卤面、小米绿豆粥
星期二	米饭、黄焖鸡块、蚂蚁上树、麻婆豆腐、海带蛋花汤
星期三	大肉包子、鸡蛋韭菜包子、红枣江米粥
星期四	米饭、肉丝豆芽、芹菜土豆片、糖醋莲藕、冰糖雪梨银耳汤

第2周营养食谱

10月8—15日

日期	食　谱
星期五	炸酱面（青菜、绿豆芽、黄瓜丝）、五香卤蛋、餐后午点
星期六	米饭、小苏肉、琉璃豆腐、炝绿豆芽、紫菜虾皮蛋花汤、餐后午点
星期日	水煮肉、香菇油菜、米饭、餐后午点
星期一	汉堡、茄汁面、餐后午点
星期二	米饭、豆角肉丝、鸡蛋番茄、土豆丝、三鲜汤（鸡蛋、火腿、香菇）、餐后午点
星期三	鸡汤青菜虾仁馄饨、锅盔、餐后午点

续表

日期	食　谱
星期四	米饭、肉丝圆白菜、鸡蛋黄瓜、凉拌空心菜、鲫鱼豆腐汤、餐后午点
星期五	饼夹菜（京酱肉丝、土豆丝、绿豆芽）、八宝粥、餐后午点

第3周营养食谱

10月18—22日

日期	食　谱
星期一	米饭、红烧鸡块、麻婆豆腐、蒜蓉青菜、鸡肝菠菜汤、餐后午点
星期二	木须面（肉丝、鸡蛋丝、木耳、黄花菜、青菜）、肉卷、餐后午点
星期三	扬州炒饭（鸡蛋、肉末、香菇、红萝卜、芹菜丁）、海米冬瓜汤、餐后午点
星期四	炸菜角、糖糕、小米绿豆粥、餐后午点
星期五	米饭、宫保鸡丁、醋熘西葫芦、炸虾片、苹果汤、餐后午点

第4周营养食谱

10月25—29日

日期	食　谱
星期一	大肉高汤卤面、玉米羹、餐后午点
星期二	米饭、糖醋里脊、香菇菜心、土豆丝、番茄鸡蛋汤、餐后午点
星期三	鸡丝拉条（鸡丝、绿豆芽、青菜）、小米绿豆粥、餐后午点
星期四	米饭、黄焖鸡块、糖醋莲藕、凉拌芹菜花生米、翡翠白玉汤、餐后午点
星期五	大肉包子、糖三角、红枣江米粥、餐后午点

第5周营养食谱

11月1—5日

日期	食　谱
星期一	米饭、红烧肉、红烧茄子、爆炒绿豆芽、鱼头豆腐汤、餐后午点
星期二	羊肉烩面、芝麻葱油饼、餐后午点

续表

日期	食　谱
星期三	米饭、肉片菜花、土豆丝、鹌鹑蛋串、紫菜虾皮蛋花汤、餐后午点
星期四	五香馅饼、八宝粥、餐后午点
星期五	米饭、鸡蛋番茄、青菜肉末豆腐、海米冬瓜、银耳雪梨汤、餐后午点

第6周营养食谱

11月8—12日

日期	食　谱
星期一	炸酱面、卤蛋、原味汤、餐后午点
星期二	米饭、小酥肉、油焖胡萝卜、炸虾片、冰糖红梨红枣汤、餐后午点
星期三	汉堡、番茄鸡蛋面、餐后午点
星期四	米饭、鱼香肉丝、炒菠菜、蚂蚁上树、冰糖红梨红枣汤、餐后午点
星期五	白吉馍、红烧肉、土豆丝、绿豆芽、八宝粥、餐后午点

（二）注意饮食清洁卫生

在充分考虑学生的生活习惯、营养状况、饮食爱好等因素的前提下，伙食工作应做到清洁卫生、品种多样、营养丰富、数量充足。午托班管理者在管理学生饮食时，应注意以下事项：

（1）每周餐谱各种菜点的配比量予以公布，请家长监督。

（2）每餐的食物都应取样保留，以备检查。

（3）餐具与炊具全部使用不锈钢器具，方便清洁。

（4）每餐煮的饭菜最好吃完，一定不要让学生吃隔餐剩菜、剩饭。

（5）房间的防蚊、防蝇、防尘措施要到位。

（6）督促学生养成良好的饮食卫生习惯。

（三）食堂从业人员的培训

组织食堂从业人员参加卫生部门举办的“学生食堂从业人员培训班”，并取得午托班食堂从业人员培训合格证。

（四）应重视学生的营养教育和宣传

大力普及学生营养知识，加强学生营养知识培训工作，使合理膳食、均衡营养的基本知识家喻户晓，并引导学生建立科学的饮食行为和健康的生活方式。

（五）做好每天的台账

整理和收藏好当天食物采购的发票，做好每天的台账。当日所需的食物要定量定点购买，所购食物的小票归档备查，欢迎学生与家长查阅。

（六）学生就餐管理

（1）午托班学生按年级设组，选出组长。放学后整队回午托班，到餐厅就餐，组长由午托班老师选定并负责管理。

（2）不能来就餐的午托学生，必须由家长向午托班老师请假。

（3）午托班老师应认真督促、服务学生用餐，严格遵守午托班规章制度，不准体罚、侮辱学生。

（4）按座位、床位编号就餐。逐日点名，登记就寝学生姓名。未到学生应及时查明原因。

（七）午托班的分餐

1.做好充分准备

学生放学一般很饿，不能让学生排队等候太久，因此分餐前要做好充分的准备工作。餐具要准备好，人员要安排好。要根据午托学生人数的多少来配备分餐人员，可以请一些钟点工来协助。

2.分餐要公平

分餐时一定要注意公平，不能有的学生分量多，有的分量少。有些午托班是一些学生家长开办的，这些家长照顾自己的孩子，分量往往多些，这样会让其他学生产生不公平的心理。

【案例】

分餐不均引发学生抱怨

一位学生家长显得很无奈，她想把自己的孩子转到其他午托班去，可又不好意思提出来。原来，她孩子的一个同班同学玲玲的家长开办了一个午托班，邀请她的孩子在那里午托，她认为在同学的家长那里很好、很放心，就将孩子放在该午托班了。可是不久，就听到孩子老是抱怨：每次玲玲妈妈都把好吃的菜分给玲玲多一些，我们都不够吃，可是玲玲的吃不完；不公平，今天可乐鸡我们只吃到5块，可是玲玲有10块……刚开始，这位家长不以为然，觉得做母亲的心疼自己的孩子可以理解。可是久了，孩子闹着不去这个午托班了，她犯愁了。

所以，在这里要提醒那些开午托班的家长，要疼爱自己的孩子，大可以其他时间去做。在午托班，要把自己的孩子当做午托学生中的一员，对待所有学生一定要公平。因为不公平会导致学生厌倦这个地方，更严重的后果是同学会疏远被优待的孩子。

三、考试期间学生饮食管理

（一）考试前学生饮食管理

一般在考试前，许多学生都要熬夜用功，第二天又要早起到学校上课，因此都有吃夜宵的习惯。在紧张状态中，喜欢吃速食面、面包、饼干等糖质或淀粉多的食品。不过由于睡眠时间不足，精神过度紧张，可能会导致身体失调。其次，由于长时间读书会使眼睛疲劳，因此要摄取足够的维生素A。考试前要适当补充B族维生素及矿物质，注意摄入富含脂质的健脑食品。

相关知识：

考前八类食物受青睐

1.龙眼

中医认为龙眼性温味甘，具有益心脾、补气血、安心神等功能，是滋补良药。

2.大豆及其制品

大豆中主要含有大豆球蛋白，它是一种优质的植物蛋白质。大豆油中，还含有丰富的人体必需氨基酸和磷脂，营养价值高，能增强脑血管机能。

3.动物内脏类

动物的心、脑、肝、肾中含有丰富的优质蛋白质和磷脂（磷脂、卵磷脂等），是补脑的上乘食物。

4.红枣

红枣富含葡萄糖、蔗糖、维生素C、维生素P，还含有丰富的蛋白质、微量元素和其他营养成分。

5.芝麻

芝麻含有丰富的蛋白质、脂肪和机体必需的脂肪酸、亚麻酸。此外，钙、磷和维生素B的含量也较高，是廉价的强身健体佳品。

6.核桃

核桃性味甘温，具有补气养血、温肺通便、镇咳化痰、润肌乌发等功效，是体质虚弱和神经衰弱综合征进行食补的佳品。

7.蜂蜜

蜂蜜性味甘平，有滋养、润燥、解毒的功效，还含有多种维生素、微量元素、淀粉酶等。现代医学认为，蜂蜜具有增强体质、提高免疫力、营养心肌、保护肝脏、降低血压及润肠作用。

8.葱和蒜

葱和蒜可以抑制各种真菌、细菌和原虫感染，具有杀菌、消炎、防治多种疾病的作用。常吃葱和蒜还能补脑。

【范本20】

××托管中心考前七日食谱（全托）

考前第7日

早餐：牛奶（1杯）、小笼包、酱黄瓜。

午餐：米饭、葱油鳜鱼、清炒空心菜。

晚餐：米饭、土豆烧牛肉、肉末冬瓜、紫菜虾皮汤。

晚上加餐：面包+水果。

考前第6日

早餐：豆腐脑、肉丸、香蕉。

午餐：米饭、明虾、油焖扁豆、肉丝炒香干。

晚餐：米饭、白斩鸡、蘑菇。

晚上加餐：饼干+鲜榨果汁。

考前第5日

早餐：酸奶、馒头、卤水花生米。

午餐：米饭、生炒鸭块、炒白菜。

晚餐：米饭、蟹黄蛋、麻婆豆腐、骨头海带汤。

晚上加餐：八宝粥+水果。

考前第4日

早餐：粥、肉松、糖包、什锦酱菜。

午餐：米饭、五香牛肉、家常豆腐、番茄鸡蛋汤。

晚餐：米饭、黄鱼、炒四季豆。

晚上加餐：饼干+牛奶。

考前第3日

早餐：甜豆浆、鲜肉包。

午餐：米饭、甜椒鸡丁、笋片青菜。

晚餐：米饭、清蒸带鱼、肉片百叶黄瓜。

晚上加餐：肉末蔬菜挂面。

考前第2日

早餐：黑米粥、刀切馒头、荷包蛋。

午餐：米饭、炒猪肝、焯嫩黄瓜。

晚餐：米饭、红烧鳝段、凉拌黄瓜。

晚上加餐：饼干+牛奶。

考前第1日

早餐：甜面包、面包、果酱。

午餐：米饭、炒鱼片、肉片白菜、胡萝卜。

晚餐：米饭、白切猪肉、油焖茄子。

晚上加餐：蛋糕+水果。

（二）考试中学生饮食管理

要让学生吃得好一些，是为了让学生吃出健康的身体，更要吃出好心情，在考试中取得好成绩。盲目进补对身体并没有好处，考试期间更要注意合理搭配饮食，注意提高用餐质量。

特别提示

如果考试期间每天都是“大鱼大肉”，可能会适得其反，导致消化不良，从而影响大脑血液供应量，导致思维不敏捷，影响复习效果和考试成绩。

【范本21】

考试期间食谱（全托）

第一日

早餐：芝麻花卷、鲜牛奶、煮鸡蛋1个、清炒油麦菜。

水果：香蕉1根。

午餐：米饭、青瓜炒木耳、西芹瘦肉片、番茄紫菜蛋花汤。

晚餐：绿豆稀饭、煎饼、醋熘土豆丝、青笋肉丝。

第二日

早餐：全麦面包、豆奶、鹌鹑蛋3个、素炒三丝（青笋、香菇、胡萝卜）。

水果：苹果1个。

午餐：米饭、素炒西兰花、青椒炒鸡蛋、青菜豆腐粉丝汤。

晚餐：紫菜小馄饨、花卷、香菇菜心。

（三）考试后学生饮食管理

虽然学生在考试后就会回家，而不在托管中心就餐，但是托管中心工作人员也要与家长做好沟通，让家长注意学生考试后的饮食管理。

由于考试期间机体呈现一种应激状态，长时间处于比较紧张和兴奋状态之中，使得机体对营养素的消耗在较长一段时间维持较高水平。经过考试后，体内维生素都有明显下降趋势。同时，机体内蛋白质、脂肪也出现明显不足的现象。

在考试后，除了适当地调整各方面生活之外，更须根据身体的不同需要进行妥善调理，以补足学生在考试期间体内损失的各种营养素。

因此，可以多吃一些蔬菜与水果，降低血液和肌肉中的酸度。同时，可以摄取适量的碳水化合物，如砂糖、牛奶糖、麦芽糖、蜂蜜等。此外，含有丰富蛋白质的食物，如豆制品、瘦肉、鱼等具有相当的抗疲劳功效。

四、生病学生的管理

（一）就餐餐具要求

就餐的餐具一定要与其他学生的分开，清洗时也要分开，并要对其进行严格的消毒，以确保其他学生的健康。

（二）学生用药管理

按照生病学生家长的交代，按时给学生用药。当午托班里的其他学生出现发烧、咳嗽等症状时，应立即和该学生的家长进行电话联系，以便让该学生尽快得到治疗。

相关知识：

学生生病的用药管理

一、学生消化不良用药管理

治疗学生消化不良时，应区别情况对症下药。

1.由胃肠功能或器质性疾病所致的消化不良，应请医生诊断清楚，给予综合性治疗。切不可自作主张，盲目服用消化药。

2.如因过食肉、蛋、豆类等蛋白质食物引起消化不良或疾病后恢复期消化功能减退，应选服胃蛋白酶片（合剂）、胰酶片等能帮助蛋白质消化吸收的药物。

3.如因吃米、面、馒头、红薯等含淀粉成分较多的食物引起了消化不良，应选用多酶片、胖得生等含淀粉酶的药物，以促使淀粉尽快分解。

4.如因学生贫血或肠内菌群失调引发了发酵性消化不良、肠胀气、腹泻等，可选服乳酶生、稀盐酸等控制肠内异常发酵的药物。

如用乳酶生治疗学生消化不良性腹泻时，不能与抗生素（如红霉素、土霉素、磺胺类制剂）合用，也不能与次碳酸铋、鞣酸蛋白等吸着剂合用或间隔两三小时服用。

5.中药焦三仙（神曲、麦芽、山楂）、鸡内金、萝卜籽，成药参苓白术散（丸）、保和丸、王氏保赤丸等对学生食积停滞、消化不良均有较好疗效，可对症选择。

6.维生素复合B_1，酵母片对消化不良有辅助治疗作用。

大多数助消化药都含有消化液的主要成分，都规定了有效期。如超过有效期，则不宜再用。让学生服用时，一般应在饭前或饭中。

二、几种学生常用药的禁忌

学生用药和成人用药有许多不同之处。由于学生的生理功能尚未发育完善，所以在下列几种学生常用药物的使用上要加以注意，见下表：

学生常用药的禁忌

序号	药品种类	用药禁忌	原因
1	铁剂	服用铁剂时不宜与牛奶、豆浆、茶水、菠菜、苏打饼干等食品同服	这些食品均有碍机体对铁的吸收
2	乳酶生	乳酶生不能与黄连素、痢特灵等抗菌药物同服	这些肠道抗菌药物会抑制乳酶生的活性，使其失去药效
3	维生素C	在学生服用维生素C时，不宜同食猪肝	猪肝中含有丰富的铜元素，铜元素会使维生素C氧化，从而降低或失去维生素C原有的生物效能

续表

序号	药品种类	用药禁忌	原因
4	钙片	学生在补钙期间不宜食用菠菜	菠菜中含有的草酸容易和钙结合成草酸钙，从而影响钙的吸收和利用
5	糖浆	学生不宜在饭前、睡前服用各种药物糖浆制剂	糖会抑制消化液的分泌，饭前服用易使学生产生饱胀感而影响食欲

三、常备皮肤外用药的注意事项

学生常备的皮肤外用药应注意以下事项：

（1）常备皮肤外用药必须注意对症使用，并在药瓶上贴上标签，注明药物的功用、用法及注意事项。

（2）妥善保存，放在干燥、阴凉、通风处，以防止药物氧化，变质失效。最好外用药与内服药分开存放。

✓如存放中成药时，应保留完好的包装和说明书，并打开包装检查是否发霉或虫蛀。

✓如果发现药丸、药片或外用药发霉、虫蛀、变质，或者洗剂、药水长了白膜、絮状物、颜色发生了改变，均说明药物变质，不能使用了。

✓碘酒、酒精、氨水、痱子水、虫咬水等易挥发的外用药不能久存，一般最少间隔3～6个月清理存放药一次，新旧更替，以免误用过期变质的药物。

五、合理烹调减少营养流失

烹就是加热原料，就是使生的原料变熟的加热过程和使原料发生一系列复杂的物理化学变化的加热过程。调是指调和滋味和原料调配。原料调配包括菜肴原料的组配、原料的复合造型、原料组合等内容。烹调是制作菜肴的专门技术，是指运用各种工艺技术制作菜肴的一般过程。

（一）米面

1.淘米

在米的淘洗过程中会发生营养素流失，特别是B族维生素和无机盐类最易受到影响。为防止营养素流失过多，应注意：

（1）应用凉水淘米。

（2）用水量、淘洗次数应尽量减少，以能去除泥沙为宜。

（3）不要用力搓或搅拌过甚。

（4）淘米之后不应浸泡，如已浸泡，则应将水和米一同下锅。

2.烹制

米面蒸煮过程中由于加热而流失的主要是水溶性的B族维生素。

烹制米面的常用方法有：蒸、煮、烤、烙、烩、炸等，其中蒸（不弃米汤）和烤营养素流失最少，其次是水煮，最次是高温油炸。

（1）高温油炸可使维生素B_2、尼克酸流失50%，维生素B_1则几乎完全流失。

（2）在煮稀饭时，为使其黏滑，米粒烂得快些往往加些碱，这样会造成米中维生素B_1更多地被破坏流失。

（3）用面粉炸油条时，因加碱和高温油炸，可使其中的维生素B_1全部流失，维生素B_2和尼克酸流失50%左右。

（二）蔬菜

1.洗切

先洗后切还是先切后洗，对蔬菜中营养素流失量具有不同影响。如蔬菜切后再洗，蔬菜中无机盐和水溶性维生素就会有一部分溶于水而随水流失掉。浸泡在水中的时间越长，溶于水中的营养素越多，流失也就越严重。

2.烹调

（1）有些维生素遇热容易被破坏，加热时间越长，维生素流失越多。鲜菜旺火快炒，其中的维生素C可保留60%～70%，核黄素及胡萝卜素保留更多。

（2）维生素C在碱性环境中容易被破坏，在酸性环境中比较稳定。因此烹调时，酸性菜中（如番茄）的维生素C流失很少，如适当加点醋，可减少维生素C的流失。

（3）不同质地的烹调用具，对维生素C的影响也不同。铜锅炒、煮、炖菜，维生素C流失量多，比其他锅流失多2～6倍，铁锅次之，铝锅流失最少。

（4）煮或炖菜时应将水煮沸后再将菜放入。这样，不仅能减轻蔬菜原来色泽的改变，同时可减少维生素的流失。

（三）肉类

肉类的烹调方法大致分为短时加热、长时加热及高温加热三种类型，具体见表3-3。

表3-3　　肉类烹调方法

序号	类别	说明	营养影响
1	短时加热	短时加热的烹调方法，常用的有炒、熘、爆、滑等方法。一般利用过油或沸水打焯，旺火快速成菜。加热时间在数分钟之内	肉类原料营养素流失最小的常用方法
2	长时加热	长时加热的烹调方法，常用的有煮、蒸、炖、焖、卤、煨、烧、烩等。一般多采用中火、小火或微火，在沸水或蒸汽中成菜，加热时间为数分钟或数小时	随着加热时间长短不同而使营养素流失量不同
3	高温加热	高温加热的烹调方法，常用的有炸、煎、烘、烤、焗等。此类方法是利用高温油脂、较高温度、烘箱、盐等	对营养素（尤其是维生素）破坏较大，必须严格控制温度及加热时间

（四）其他食品

1.鲜蛋

鲜蛋的烹调方法，如煮、煎、炒、蒸等，除维生素B_1、维生素B_2少量流失外，对其他营养素影响不大，尤以蒸煮较小。蛋类加热不仅具有杀菌作用，而且还能提高消化吸收率。

特别提示

在生蛋清中含有抗生物素蛋白、抗胰蛋白酶。前者抑制生物素吸收；后者抑制胰蛋白酶消化蛋白质，妨碍蛋白质的吸收。因此，鲜蛋不宜生食。

相关知识：

蒸鸡蛋羹四忌

蒸鸡蛋羹是食用鸡蛋的一种好方法，味美好吃，营养素流失少，老少皆宜。但做蒸鸡蛋羹切忌以下四点：

1. 忌加生水或热开水

如加生水，因自来水中有空气，水被烧沸后，空气排出，蛋羹会出现小蜂窝，影响蛋羹质量，缺乏嫩感，营养素也会流失。也不宜用热开水，否则开水先将蛋液烫热，再去蒸，营养素会流失，甚至蒸不出蛋羹。最好是用凉开水蒸鸡蛋羹，会使营养素免遭损失，也会使蛋羹表面光滑、软嫩如脑，口感鲜美。

2. 忌猛搅蛋液

在蒸制前猛搅或长时间搅动蛋液会使蛋液起泡，蒸时蛋液不会融为一体。最好是打好蛋液，加入凉开水后再轻微打散搅动即可。

3. 忌蒸前加入调味品

蛋羹若在蒸制前加入调味品，会使蛋白质变性，营养素流失，蒸出的蛋羹也不鲜嫩。调味的方法应是，蒸熟后用刀将蛋羹划几刀，加入少许熟酱油或盐水以及葱花、香油等。这样蛋羹味美、质嫩，营养素不流失。

4. 蒸制时间忌过长或蒸汽太大

由于蛋液含蛋白质丰富，加热到85℃左右，就会逐渐凝固成块。蒸制时间过长，就会使蛋羹变硬，蛋白质受损。蒸汽太大就会使蛋羹出现蜂窝，鲜味降低。

蒸鸡蛋羹最好用放气法，即蒸制时锅盖不要盖严，留一点空隙，边蒸边跑气。蒸制时间以熟而嫩时出锅为宜。

2.黄豆

原料黄豆常用于焖猪手（或猪肘）、排骨。烹制时，先把黄豆洗净，放在锅内用慢火炒香，以去除豆腥味。再用冷水浸泡15分钟后与爆炒过的猪手（猪肘块）或排骨块在锅内同焖至黏即可。

特别提示

生黄豆中有蛋白酶抑制剂、红细胞凝聚素和其他有害物质，加热处理可破坏之。同时增进大豆蛋白的消化率和其中含硫氨基酸（半胱氨酸、胱氨酸、蛋氨酸）的利用率。

相关知识：

厨具选择与营养健康

传统食品容器，材料多为竹木、金属、玻璃、搪瓷、陶瓷等，现代化的电器和厨具则包括电冰箱、电炒勺、微波炉等。如果不科学地使用，将对人体造成极大危害。

1.镀锌容器

镀锌容器不能盛放食品，尤其是酸性食品，如饮料等。因为这样会使锌溶于饮料，食用后易发生中毒。

2.塑料容器

塑料容器不宜盛放食品。有些塑料制品中含有聚氯乙烯，对人体有害。塑料容器用来盛食用油，会使食用油出现腊味。

3.陶瓷容器

陶瓷容器含有较多的铅，盛酸醋、果汁、酒等酸性食品，可导致中毒，危害人体健康。

4.金属器皿

金属器皿不能存放蜂蜜，否则蜂蜜营养成分会遭到破坏，服用后易发生恶心、呕吐等中毒症状。因为蜂蜜中的有机酸和碳水化合物在酶的作用下，部分转变成了乙酸，乙酸会使镀锌的铁皮腐蚀脱落，增加蜂蜜中锌、铁等重金属含量，使蜂蜜变质。蜂蜜应用玻璃、木桶等容器存放。

5.铜器皿

铜器皿不能存放酸性饮料。因为铜会与饮料中的二氧化碳作用产生碱式碳酸铜，与柠檬酸作用产生有毒的柠檬酸铜。饮用被铜污染过的饮料，味觉有苦涩感，舌苔变黑，同时伴有恶心、呕吐等消化不良的症状，会危害健康。

6.不锈钢容器

盐、酱油、菜汤、醋等不宜存放在不锈钢的容器中。这些食物中含有多种电解质，长期盛放会与不锈钢起电化学反应，使不锈钢中的有毒微量元素被溶解出来。长此以往，有毒物质在体内慢慢积蓄，会危害健康。

不要用强碱性或强氧化性的化学药剂，如苏打、漂白粉、次氯酸钠等进行洗涤。因为这些物质都是强电解质，同样会与不锈钢起电化学反应。

7.热水瓶

热水瓶不宜盛饮料。盛开水的热水瓶内壁会积一层水垢，水垢主要成分是碳酸钙、碳酸镁，这些金属盐遇到饮料中的二氧化碳及水时，会加速溶解，污染饮料。饮用后易引起慢性中毒。保温杯、旅行壶等盛开水器皿也不能用来盛酒及酸性饮料。

8.铝制品

铝制品不宜久放饭菜。如果在铝制容器里长期存放咸的菜或汤类食物，不仅会破坏铝制品，而且汤菜里会溶进较多铝分子。这些铝分子会和食物中的一些成分发生化学反应，生成铝的化合物。长期食用含有大量铝或铝化合物的食物，会破坏人体中正常钙、磷比例，影响人骨骼、牙齿的生长发育和新陈代谢。同时还会影响某些消化酶活性，使胃的消化能力减弱。因此，铝制品不宜久放饭菜。

铝制品还不能久存面粉，否则会腐蚀容器表面。因为面粉中淀粉发酵后形成的有机酸对铝有腐蚀作用，所以盛放在铝制品中的面粉很容易霉烂变质。

第四节　学生的学习管理

不少午托班设有学习辅导这一服务项目来吸引家长，如果午托班有这一项目，则一定要做好。

一、指导学生正确地握笔与写字

午托班中小学生尤其是一、二年级的小学生比较多，辅导他们做作业的时候一定要关注他们的握笔姿势。握笔姿势不正确不仅使字写不好，而且会严重影响做作业的速度。所以在指导小学生学习时，午托班从业人员要注意学生的握笔方式是否正确。如果其方式不正确，要立即给予纠正。

（一）正确的握笔方法

（1）笔杆放在拇指、食指和中指的三个指梢之间。

（2）食指在前，拇指在左后，中指在右下，食指应较拇指低些。

（3）手指尖应距笔尖约3厘米，笔杆与纸面保持60°的倾斜。

（4）掌心虚圆，指关节略弯曲。

（二）正确的写字姿势

在指导学生学习时，午托班从业人员要注意学生的写字姿势是否正确。如果其姿势不正确，要立即给予纠正。正确的写字姿势如下：

（1）身体坐正，两腿自然平放，头和上身稍向前倾，胸部离桌子一拳远，两臂平放在桌面上。

（2）右手执笔写字，左手按纸，纸要放正。

（3）眼睛看纸要保持一尺的距离。

（三）指导要求

在指导时要注意以下几点：

（1）发现握笔姿势不正确，应立即纠正。

(2) 一定要做示范。

(3) 要有耐心。

(4) 学生一有进步要马上表扬。

特别提示

午托班一定要给学生配备高矮合适的桌椅。当学生要写字时，首先要提醒学生注意姿势，然后再帮助他们纠正错误姿势。只要持之以恒，一定能让学生掌握正确的写字姿势。

二、辅导学生学习的注意事项

（一）督促学生完成作业

督促孩子有序、有效、有积极性地完成作业。当学生遇到疑难问题时，教师应耐心地进行辅导，使问题当场解决，提高作业完成效率，不再拖沓。

（二）检查学生的作业

学生完成作业后，教师应检查作业情况，及时指出错误的地方，不让学生留问题回家。检查时一定要认真。

【案例】

教师检查学生作业不认真，学生转到其他午托班

一天，一位学生家长检查孩子的语文作业时，发现有好几个错别字，于是把孩子叫过来更改，孩子说："不会有错，老师检查过了。"家长没办法，搬出孩子的语文书和字典才让孩子信服。自此该家长对午托班教师的水平产生了怀疑，没过几天，就把孩子转到别的午托班去了。

（三）布置其他作业

如果午托班作业都完成了，而家长还没来接，可以让学生做一些课外作业。

教师可以根据学生情况布置一些其他作业。

（四）激发学生的学习热情

可以设立奖励制度，大小礼品兑换，激发学生积极完成作业的热情。

（五）为每位学生量身定制一对一定向增分方案

通过学习咨询师“诊断病情”“开药方”“治病”三步，来分析影响学生学习成绩的多种因素，帮助学生找到提高学习成绩的捷径。可以为每位学生量身定制一对一定向增分方案，从而有效地解决学生各种学习问题，迅速提高成绩。

（六）因材施教

由专业的教育团队精确把握每位学生的学习习惯和心理特点，定制并实施以学生为主体的个性化教育服务方案，因材施教。

（七）为每位学生配备一名学习管理师

为每位学生配备一名学习管理师，随时监督学生的辅导进度，并与家长保持紧密的沟通，积极反馈学生的学习情况。

（八）学法指导

适时地教给学生合理的学习方法，让学生在以后的学习中，提高自己的学习效率。

相关知识：

学法指导认知

学法指导就是要最大限度地调动学生的主动性和积极性，激发学生的思维，帮助学生掌握学习的方法，培养学生的学习能力。学法指导方法有以下几种：

1. 要了解学生的学习情况

了解学生的学习情况，是搞好学法指导的重要前提，否则学法指导就是盲目无效的。了解学生的学习情况，最简单的方法就是让学生自己阐述自己的学习方法和学习过程，教师可以通过交谈的方式了解学生的学习情况。

2.教师要根据学生情况制订计划，做好准备

制订计划就是根据学生的实际情况选择学法指导的途径、方法、时机，明确指导的目标和方法，并做好相应的准备。

3.教师要实施指导

实施指导是把指导计划灵活地付诸实施。指导时必须贯彻指导的原则。如：在进行学习方法指导中，要注意根据实际情况进行分类指导。

（1）进行分类指导。不同的学生在知识、能力等方面均存在差异，不同层次的学生对学习方法的重要性的理解以及总结学习方法的能力也有所不同。教师要兼顾这些差异，有针对性地进行辅导，对不同条件的学生提出不同的要求，针对其薄弱之处给予指导。不会预习的，就传授适当的预习方法；单词记忆不理想的，就指导科学实用的记忆方法。

（2）指导应由浅入深、循序渐进。先让学生根据所提供的范例进行模仿，并通过训练，促使学生把教师的学习方法转化为自己的学习方法。然后，逐步让学生建立个人的学习方法和习惯。

在指导过程中，教师不可操之过急，不能苛求学生一下子就能具有良好的学习方法和习惯，要有效地培养学生的自学能力。

（3）注意方法的实际操作性。学习方法实际是一种操作技能，要使学生真正地掌握学习方法，就必须进行方法训练，使之达到自动化、技巧化的程度。如：在指导学生背单词时，可利用一个单词的背诵让学生体会如何掌握记忆单词的方法。

4.让学生养成良好的学习习惯

学习习惯就是在学习上的一种自动化动作。良好的学习习惯使人终身受益，应指导学生养成良好的学习习惯。

（1）每天认真完成作业。

（2）认真预习第二天的课程，做到第二天听课时“有的放矢”。

（3）认真复习，不吃“夹生饭”。当天的难题当天解决。

（4）认真听讲、思考。就是说，上课时要动脑子。

（5）与学习习惯相配合，养成良好的生活习惯，给学生制定一个作息时间表，并认真落实。

（6）在生活娱乐中，让学生具有自控能力，不要让学生过分沉溺于自己喜欢的娱乐活动中（如网络游戏等），要有个尺度。

三、编制教学计划方案

托管机构需要负责学生学习辅导，因此需要编制教学计划方案，以此培养学生的自主能力和学习能力，正确引导学生，建立其日常行为礼仪。

【范本 22】

××午托班教学计划方案

1. 发展儿童健康的人格：和平、尊重、责任、快乐、合作、诚实、包容。对个人及其他人有积极的想法，学会分享，关心身边的每一个人。

2. 4～8岁的学生正处在心理成长和人格形成的一个重要时期。要关注学生的心理健康，使其具有不怕挫折、不怕困难的勇气；具有整体化的知识和自主学习、自我教育与发展的能力；具有自主、自信、自尊、自强的品格。鼓励学生敢于发表自己的意见和想法，教师尽量做到不把自己的观点、想法强加给学生，注意让学生自己得出结论。通过游戏活动，锻炼自主交往、独立思考、独立克服困难的能力。

3. 学习方式多元灵活，不拘泥于教学形式。运用启发性和趣味性兼具的方法，让学生完成学习任务。尤其是记忆性的知识，利用音乐、角色扮演、人际关系互动等灵活有趣的方式学习，让学生印象更深刻。

4. 必须懂得每一个学生都有做“好学生”的愿望，渴望得到老师的关爱、理解与尊重。教师要善于发现学生的闪光点，为学生创设表现能力、体验成功的机会。从而激发其成就感、自信心，以及迫切想做“好学生”的愿望。

5. 良好的心理环境意味着学生在各种活动过程中，得到及时和充分的满足，由此产生愉快的情绪体验。对学生的各方面发展产生积极的影响。作为教师应为学生创设良好的心理环境，给予更多的鼓励、支持和理解，对学生积极向上、乐观、自信品质的培养有着重要的作用。

6. 民主、平等的心理环境营造使学生“健康生活、快乐学习”。可将自己的角色定位为学生的朋友、相互学习的共同体。教师作为学生学习的参与者、支持者、引领者，以宽容为前提接纳个性，尊重学生的需要显得尤为重要。

7. 学生心理健康的养成不是一个游戏、一个活动、一个故事就能解决的。要把学生心理健康工作做得更好，就需要教师坚持不懈地把工作渗透到各项活动中去，深入研究和开展各项心理健康教育活动，持之以恒。

【范本 23】

暑期学生托管时间安排及内容

星期	时间	内容	备注
星期一	8:30—9:10	新闻袋袋裤	锻炼孩子的语言表达能力，讲述新闻趣事
	9:10—11:30	做假期作业	专职教师现场辅导解难
	11:30—12:30	午餐	营养搭配合理、安全卫生
	12:30—14:00	午休	保持休息场所的安静
	14:00—15:30	巩固所学知识点	夯实基础，提升学习能力
	15:30—17:00	看电影、参加讨论会	培养学生相互沟通的能力和技巧
星期二	8:30—9:10	散文欣赏	配以轻音乐，陶冶学生的审美情趣
	9:10—11:30	弱科专项辅导	点拨方法和技巧，配以相应的习题训练
	11:30—12:30	午餐	营养搭配合理、安全卫生
	12:30—14:00	午休	保持休息场所的安静
	14:00—15:30	巩固所学知识点	夯实基础，提升学习能力
	15:30—17:00	朗读比赛	培养学生的语言能力

续表

星期	时间	内容	备注
星期三	8:30—9:10	新闻袋袋裤	锻炼孩子的语言表达能力，讲述新闻趣事
	9:10—11:30	做假期作业	专职教师现场辅导解难
	11:30—12:30	午餐	营养搭配合理、安全卫生
	12:30—14:00	午休	保持休息场所的安静
	14:00—15:30	巩固所学知识点	夯实基础，提升学习能力
	15:30—17:00	智力大比拼	培养学生的灵活思维，并形成习惯
星期四	8:30—9:10	散文欣赏	配以轻音乐，陶冶学生的审美情趣
	9:10—11:30	弱科专项辅导	点拨方法和技巧，配以相应的习题训练
	11:30—12:30	午餐	营养搭配合理、安全卫生
	12:30—14:00	午休	保持休息场所的安静
	14:00—15:30	巩固所学知识点	夯实基础，提升学习能力
	15:30—17:00	小型辩论会	培养学生的口才及临场思维应变能力
星期五	8:30—9:10	新闻袋袋裤	锻炼孩子的语言表达能力，讲述新闻趣事
	9:10—11:30	做假期作业	专职教师现场辅导解难
	11:30—12:30	午餐	营养搭配合理、安全卫生
	12:30—14:00	午休	保持休息场所的安静
	14:00—15:30	巩固所学知识点	夯实基础，提升学习能力
	15:30—17:00	自由兴趣活动	教师监管

备注：周一至周五，上学时间为8:30，放学时间为17:00。如有特殊情况家长不能按时接送孩子，请提前告知教师并商定接送时间。

四、做好学习记录

在学生学习管理中，一定要对学生的学习成绩做好记录。一是可以从整体上了解学生近期的学习情况，二是可以在与家长沟通交流中，向家长准确反馈学生的学习状况。

【范本24】

学生成绩表

月 日至 月 日

项目 姓名	星期一				星期二				星期三				星期四				星期五				成绩	名次
	放学排队	饮食习惯	作业纪律	作业质量	放学排队	饮食习惯	作业纪律	作业质量	放学排队	饮食习惯	作业纪律	作业质量	放学排队	饮食习惯	作业纪律	作业质量	放学排队	饮食习惯	作业纪律	作业质量		

第五节 学生的安全管理

一、接送管理

学生接送是午托班要特别关注的。尤其是幼儿园门口、小学门口发生惨案经媒体报道后，安全问题更是家长们心中难以释怀的痛。所以，许多家长在将孩子交到午托班时都会着重强调要接和送。

那么，该怎样管理接和送呢？

（一）接学生回午托班

1.人员要安排好

有的午托班里的学生多，而且各个年级的都有。午托班管理者一定要做好人员安排，把每个学生责任到人，平时训练接送人员认识所负责的每一个孩子的体貌特征及其放学规律。

放学时，午托班里一定要安排有人值守，并有每一个接送人员的电话号码方便联络（见表3-4），以避免一些学生（尤其是高年级的）独自回来，而接送人员仍在苦苦等候的情况出现。

表3-4　　　　　　　　接送人员安排表

接送人员姓名：　　　　　　　　　　　　　电话：
学生人数：　　　　　　　　　　　　　　　接送地点：　学校　分部

序号	学生姓名	性别	年级/班次	放学时间	家长联系电话	班主任联系电话	备注

2.制作接送牌匾

放学的时候，学校门口往往挤着几百个家长在翘首等待。为了使学生能很快地看到接送人员，有必要制作一个“××午托”的牌匾，由接送人员高高举起（见图3-3）。

图3-3　接送牌匾

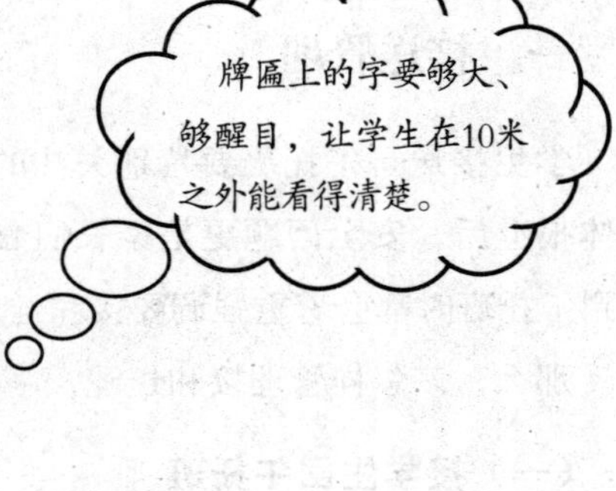

3.确定每个接送人员等待的地点

由于接学生的人比较多，要让学生很容易找到不太容易。所以，要事先确定一个固定的等待地点，并告知学生。

4.对学生做出要求

（1）要求学生在固定的等待地点集合，这一点须反复叮嘱，必要的时候请家长配合在家里提醒。

（2）要求学生放学后不要在教室里逗留。

（3）要求学生必须等所有人都集合好后排队回午托班。

（4）在回午托班的路上，不得打闹、追跑。

5.对午托班接送人员的要求

（1）熟悉所接送学生的姓名、班级、体貌特征及放学规律。

（2）提前到达固定的等待地点等候，一定要高举接送牌匾。

（3）必须携带手机，出发前要检查手机是否有电，必须使手机处于开机状态。

（4）在回午托班前要清点人数。

（5）要维持好回午托班的秩序，制止学生打闹、追跑的现象。过马路要注意来往车辆。

（6）如果有久等未接到的学生，一定要与午托班的值守人员联系，了解该学生是否已独自回去。

（7）如果学生一直没有回午托班，则要与班主任、家长联系，了解孩子的情况。

特别提示

午托班的管理者和接送人员，一定要多关注天气情况，每天都要看天气预报。在有雨的日子，尤其是在放学时突然下雨的情况下，一定要多备几把雨伞，因为有一些学生可能会没有带伞。

（二）送学生回学校

送学生回学校没有接学生那么复杂，但是，也不可以掉以轻心。要注意以下几点：

（1）准时叫醒学生。

（2）检查学生的仪容仪表，着重检查他们是否带齐校牌、红领巾、校徽等。

（3）排队回校，注意路上不能追跑打闹，过马路要注意车辆。

（4）必须等所有孩子进入校门才能离开。

二、饮食卫生安全

关于午托班的饮食卫生安全，将在后面的章节中专门介绍，这里主要从器具消毒、卫生习惯等方面进行一些简介。

（一）器具方面

所有与饮食有关的器具都要经过消毒处理。学生自带的水杯、水瓶等也要与家长沟通，在家里经常清洗、消毒。有的学生的水杯、水瓶可能好几天都不会去清洗，午托班管理者要经常进行检查和提醒（见图3-4）。

图3-4　学生放置水杯的橱柜

（二）教导学生养成良好的卫生习惯

（1）吃饭前一定要督促学生洗手。比如，在午餐开始前交代：“同学们，我们准备吃饭了，现在，大家去洗手。”有些学生不愿意去洗手，那就要实施检查：“来，把小手板伸给老师看一看洗了没有。”对那些不爱洗手的学生，如果检查他洗手了就要给予表扬。

有的学生还不会洗手，只是让水从手上过一下，这就需要教会他们洗手。可以经常组织洗手比赛——“看看谁的手洗得干净”，也可以把洗手的方法做成图贴在洗手池的墙面上，或者印成一张纸带回家让家长协助训练。

相关知识：

正确的洗手方法

正确的洗手方法如下图所示。

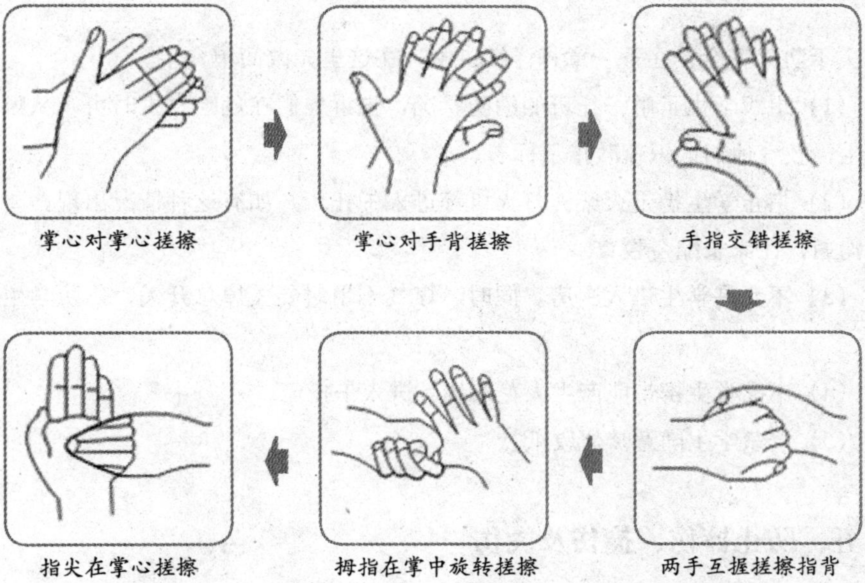

洗手流程图

（2）吃点心或水果前也要求学生去洗手。在分配点心前提醒学生：“现在要吃点心啦，谁先洗手谁先吃噢，没洗手的没得吃噢！”并且一定要说到做到，没洗手的学生来领取点心，一定要坚持让他洗完手才给。

（3）提醒学生不要随意购买街头小摊出售的劣质食品或饮料。

三、用电安全

在生活中，电的用途很广，应让学生掌握以下用电常识：

（1）让学生认识了解电源总开关，学会在紧急情况下切断电源。

（2）让学生不要用手或导电物（如铁丝、钉子等金属制品）去接触电源插座内部。

（3）让学生不要用湿手触摸、擦拭电器。

（4）让学生使用完电器后，一定要拔掉电源插头。

（5）让学生不要随意拆卸、安装电源线路。

四、防火安全

关于防火安全，在下一章将详细讲解，在这里先做简单介绍。

（1）组织学生了解午托班的消防状况，告诉他们在危险发生时可以从哪几个门逃生，教育他们认识疏散指示标志。

（2）禁止学生携带火柴、打火机等进入午托班。如有这种情况出现，要与其家长沟通，让家长配合教育。

（3）不允许学生进入厨房。同时，煤气不用时要关掉总开关，以防学生模仿点火。

（4）不准学生携带能产生火花的玩具进入午托班。

（5）严禁学生随意焚烧废纸。

五、防止摔伤、撞伤及烫伤

午托班为了防止学生摔伤、撞伤及烫伤，应注意以下事项：

（1）寝具、餐桌等用具的购买经过了慎重的安全考虑，一定要确保没有锐利的角。有条件的话可以用布把边角包裹起来。

（2）严禁学生在寝室床铺上翻上爬下地打闹。

（3）刮风下雨要及时关好门窗，防止玻璃坠落伤人。

（4）上下楼梯要靠右慢行，不许将手搭在他人肩上或背上，不许坐在楼梯扶手上往下滑，不许在楼梯、走道上追跑打闹。

（5）暖壶等高温容器要放在高处或学生不易碰到的地方。

（6）在厨房做饭时，人不离开或关好门，以防止学生突然闯入。

（7）从微波炉中取出食物时要观察学生在不在周围。

（8）盛有热食物的热容器，如电饭煲等，不放在地上或低处。

（9）下雨天或湿气比较重时，要用干拖布拖地，防止地面湿滑。

相关知识：

学生常见意外的急救措施

1.呼吸道吸入异物的急救处理

首先将孩子放于仰卧位，即平放，头向上，用一手手掌向下压前额，另一手手掌向下压下巴，食指和拇指拉起舌头，检查孩子的咽喉是否有异物。如果有，则用手指向外轻轻钩出；如果异物较深或看不清，则不要盲目去取，否则可能使异物推进气管。这时应立即使用推腹法抢救，具体方法如下：

（1）鼓励咳嗽。引起窒息的异物多卡在喉咙，特别是薄膜、果冻类异物，通常只有部分被吸入喉腔，还有部分在声门外。这时鼓励孩子大声咳嗽，有时可将异物咳出。

（2）俯倾拍背。如果怀疑异物被孩子吸入气道，应将孩子上身前倾60°，俯卧于抢救者的臂肘上，头部下垂，抢救者用手用力拍打孩子的背部，借助重力，促使异物排出。

（3）压腹冲击。有时咳嗽后，气体咳出而不能吸入，肺内气体渐少，咳出气流很小，这时须借助压腹和膈肌上升的冲击力，加大咳出的气流，将异物喷出。

做法是：让孩子站立前倾，抢救者在其后用双手重叠拢在上腹部，冲击性挤压，使其腹压增高，膈肌抬高，加大胸腔压力，促使肺内产生强大的气流将异物从气管内冲出。

（4）心肺复苏。如果异物去除，阻塞缓解，但孩子呼吸、心跳已停止，应立即进行人工呼吸和胸外心脏按压。

2.消化道异物的急救处理

（1）误吞小的、光滑的、圆形的异物，无特殊表现，可从大便排出。

（2）误吞较大的、尖锐的异物，须及时到医院就诊。

（3）鱼刺或鸡鸭的小骨头卡在消化道，应立即去医院处理。切勿使用吞饭团或喝醋的办法，以免异物进入更深部位，损伤黏膜或血管。

3.创伤的急救处理

（1）对大量出血的伤口，应首先止血。

（2）对切割伤、刺伤等小伤口，可挤出少量血液，以冲洗掉伤口上的细菌和尘垢。

（3）对伤口宜用清洁的水清洗。

（4）对无法彻底清洁的伤口，须用双氧水或碘酒消毒。

（5）对较大的伤口，止血后应用清洁的纱布覆盖，并立即送医院处理。

（6）凡是猫、狗咬伤，千万不要急着送学生去医院。首先应立即、就地彻底地冲洗伤口，而且水量要大、水流要急，最好是对着自来水龙头急水冲洗。伤口不可包扎，经过反复冲洗后再送医院进一步处理，并在24小时内接种狂犬疫苗。

4.烧伤、烫伤的急救处理

（1）尽快消除致伤因素。

（2）火焰烧伤，应立即脱去着火衣裤。

（3）酸碱烧伤，应迅速脱去沾有酸碱的衣物，用大量清水冲洗。

（4）四肢烫伤、烧伤，可将肢体浸入冰水或冷水中，用干净毛巾覆盖伤口处，迅速转送医院。

上述处理对面积大、烧烫伤严重的学生不适用。严重的烧烫伤应迅速送往医院。急救要不妨碍创面引流和医生诊治，不要随便在创面涂抹香油、牙膏、红汞、紫药水等。

5.触电的急救处理

迅速脱离电源，应使用干木头、竹竿、塑料制品等绝缘物。为防止自身触电，决不能用手或湿的物品去分离电源。当触电者脱离电源后，应根据触电者的不同生理反应，进行现场急救处理，如下表所示：

触电的现场急救方法

序号	触电后的状况	急救方法
1	触电者神志清醒，但感觉心慌，呼吸急迫，面色苍白	应让触电者躺平就地安静休息，不要让触电者走动，以减轻心脏负担，并应严密观察呼吸和脉搏的变化

续表

序号	触电后的状况	急救方法
2	触电者神志不清醒，有心跳，但呼吸停止或极微弱的呼吸	应及时使呼吸道开放，并进行人工呼吸。如不及时进行人工呼吸，将会因缺氧过久，而引起心跳停止
3	触电者心跳、呼吸均停止，并伴有其他伤害	应迅速进行心肺复苏，然后再处理外伤，对伴有颈椎骨折的触电者，在开放呼吸道时，不应使头部后仰，以免引起高位截瘫

6.中毒的急救处理

（1）紧急处理需要催吐。用手指刺激学生的咽喉部，促进呕吐，反复进行，直到吐出液变清且无味为止。

（2）有些毒物，如腐蚀性的酸碱中毒、汞中毒、汽油中毒等，可给学生喝牛奶、蛋清或豆浆。

（3）口服含盐溶液，可利于从尿液中排出安眠药、退热药等。

7.中暑的急救处理

（1）中暑的症状。一般来说，中暑的症状主要有以下三种，如下表所示：

中暑的症状

序号	中暑的类型	主要症状
1	先兆中暑	大量出汗、头晕、眼花、耳鸣、胸闷、心慌、乏力、体温略升高
2	轻度中暑	体温升到38.5℃以上，并有心跳加快、脉搏变细、尿液减少等早期循环衰竭情况
3	重度中暑	高热、躁动、说胡话、抽筋、昏迷、无尿及呼吸循环衰竭

（2）急救处理

✓如果学生出现先兆或轻度中暑的症状，则应立即将其撤离高温环境，转入通风的阴凉处休息，并让其饮用含食盐的清凉饮料，还可内服解暑药。

✓迅速人工降温。即将中暑的学生置于室内常温下，用湿冷毛巾或冰袋置于头部、腋下、腹股沟（即两大腿根部）等大动脉处，并以冷水或50%的酒精擦拭四肢或全身，同时可用电扇吹风散热。如果症状仍很严重，则应立即送学生去医院。

8.窒息的急救处理

一般来说，当孩子发生窒息时，可采取下表所示的方法进行急救。

窒息的急救方法

序号	急救种类	急救方法
1	背部冲击法	将孩子托在前臂上，骑跨在成人胳膊上，用手托住下颌，使头低于躯干，用另一手掌根在孩子肩胛间向前下方用力拍击，这样形成一个冲击力，从而将呛在气管中的异物喷出来
2	腹部冲击法	一手握拳，另一只手握于其上，置于孩子上腹部，用力向孩子身体的后上方冲击性挤压
3	腹部压迫法	使孩子平卧，面向上，躺在坚硬的地面或床板上，抢救者蹲下；或从背后抱住孩子的腰部，使孩子骑坐在抢救者的两大腿上，背朝抢救者。用两手的中指和食指放在孩子胸廓下和脐上的腹部，快速向上压迫，重复而有节奏地进行，直到异物排出

如果这些方法未奏效，应马上让孩子取右侧卧位，使异物由气管进入较粗短的右支气管内，左支气管保持通畅，维持呼吸，为去医院抢救赢得时间。

本章习题：

1. 宣传单中通常包括哪些内容？
2. 制作招生简章时要注意哪些事项？
3. 午托班的招生方法主要有哪几种？
4. 午休管理的要点有哪些？
5. 午托班管理者在管理学生饮食时，应注意哪些事项？
6. 辅导学生学习时应注意哪些事项？
7. 如何管理学生接送？
8. 送学生回学校时应注意哪些事项？
9. 学生应掌握哪些用电常识？
10. 如何预防学生摔伤、撞伤及烫伤？

第四章

午托班安全卫生管理

本章学习目标：

1. 了解午托班安全配置。
2. 熟知午托班火灾应急常识。
3. 掌握采购食品中安全控制方法。
4. 掌握厨房室内外的环境卫生管理方法。
5. 熟知食物中毒产生的因素。
6. 掌握食物中毒的处理步骤。

第一节 午托班安全配置

一、建筑物的安全

根据有关规定：托管机构应设在建筑物的三层以下，建筑物应当符合结构安全要求，不得是工业厂房、地下室、仓储建筑或违法建筑。校外托管机构场地建筑面积应当在80平方米以上，午托学生人均建筑面积应当在4平方米以上。

作为午托班管理者，如果午托班没有达到这一要求，就要想办法了。可以核算一下学生人数与建筑面积是否适当（见表4-1），不要为了赚钱而过多招生，因为一旦出了事故，后果不堪设想。

表4-1　　午托班建筑面积与人数核算表

人均建筑面积	午托班的面积	适合人数
目前状况		
改进措施		

二、消防安全设施设备

（一）安全通道

午托班至少要有两个安全通道，也就是必须有两个安全出口，而且出口要够大，通道要通畅，以便在意外发生的时候，学生能够逃生。

【案例】

消防通道不通遭批评

消防人员对某午托班的消防安全进行全面检查，该午托班虽然稍显拥挤，却有不错的“地理位置”。除了位于公寓楼的一楼便于逃生之外，面积很大的露天阳台直接连接着小区道路，一旦发生火灾，是一个现成的疏散通道。可惜的是，午托班人员却表示，他们有时会将室内通往阳台的铁闸门锁上。消防部门人员立即纠正，要求他们：有孩子在室内时，成人应当陪同，而且应当保证室内与阳台之间通道畅通。

（二）消防器材

午托班必须配备灭火器材。消火栓、灭火器等平常最好备而不用，但万一需要用时，又往往分秒必争。由于午托班用到消防器材的机会比较少，因而很容易被忽视。所以应对这些消防器材妥善管理，以备不时之需，具体可采用以下目视方法。

1.定位

为灭火器等消防器材，找一个固定的放置场所（见图4-1），当意外发生时，可以立刻找到灭火器。另外，如果午托班的灭火器悬挂于墙壁上，当灭火器的重量超过18千克时，灭火器与地面的距离应小于1米；若重量在18千克以下，则其高度不得超过1.5米。

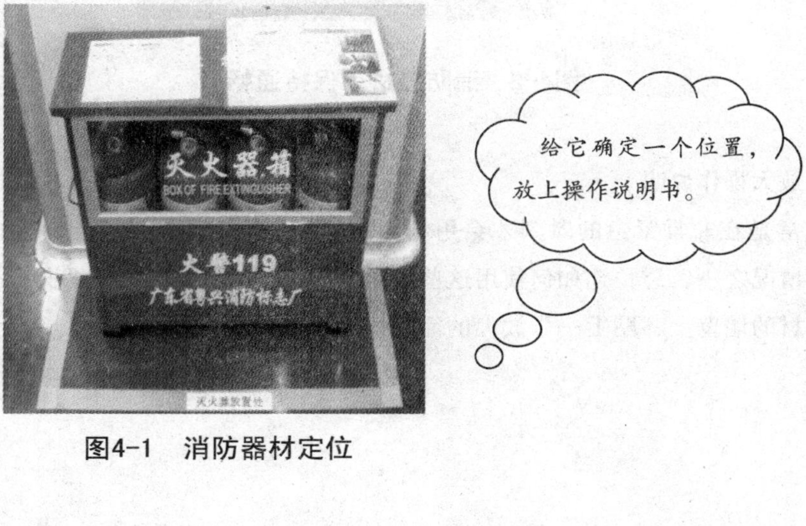

图4-1　消防器材定位

2.标示

许多午托班的消防器材常被其他物品遮住，这势必延误取用的时机。所以，最好在放置消防器材的地方，设立一个挑高的标示看板，增加其能见度。

3.禁区

消防器材前面一定要保持畅通，才不会造成取用时的阻碍（见图4-2）。所以，为了避免其他物品的占用，在这些消防器材前面，一定要规划出安全区，而且画上“老虎线”，提醒大家共同遵守安全规则。

图4-2　消防器材前保持通畅

4.放大操作说明

通常是在非常紧急的时刻才会用到消防器材。这时，人难免会慌乱，而在慌乱的情况之下，恐怕连如何使用这些消防器材都给忘了。所以，最好是在放置消防器材的墙壁上，贴上一张放大的简易操作步骤说明图，供使用人参考（见图4-3）。

图4-3　放大的操作示意图

5.明示换药日期

注意灭火器内药剂的有效期，而且，一定要按时更新，以确保灭火器的可用性。把每个灭火器的下一次换药期，明确地标示在灭火器上，让所有人共同注意安全（见图4-4）。

图4-4　明示换药日期

三、急救药箱的配置

急救药箱最好不要有用到它的机会，但万一需要用到它的时候，不但要分秒必争，而且最好是每个人都知道它放在哪里。

一般的急救药箱上，都会有一个很明显的红十字。有了这种明确的标示，需要时，就很方便找到（见图4-5）。

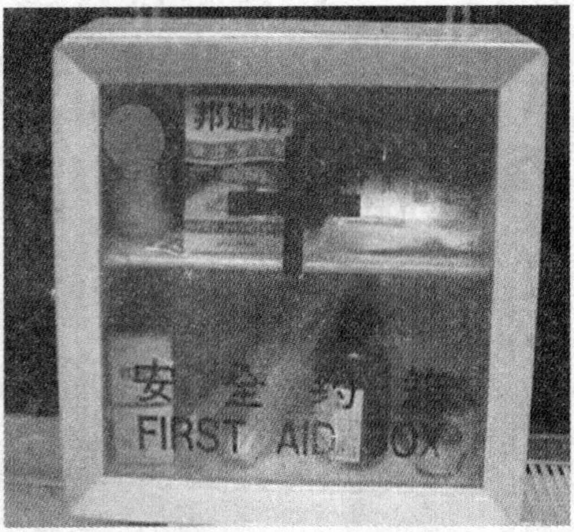

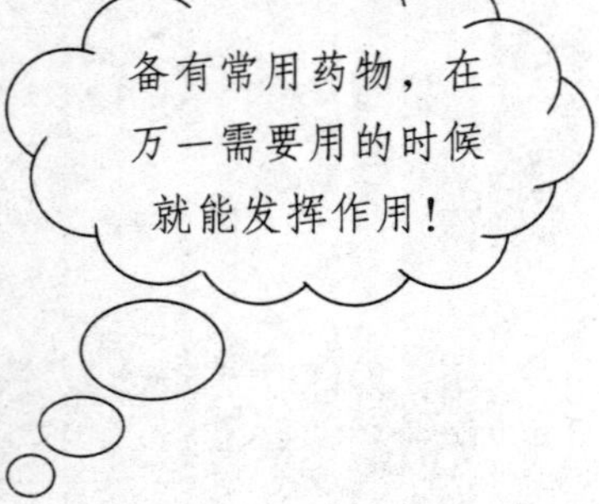

图4-5　急救药箱

（一）药物的配置方法

（1）首先要准备一些已消毒好的纱布、绷带、胶布、脱脂棉备用。如有条件，最好准备一块边长1米左右的大三角巾。

（2）体温计是常用的量具，必须准备。医用的镊子和剪子也要相应配齐，在使用时用火或酒精消毒。

（3）外用药大致可配置酒精、紫药水、红药水、碘酒、烫伤膏、止痒清凉油等。

（4）内服药大致可配置解热、止痛、止泻、防晕车、助消化等类型的药。

（二）注意事项

（1）一般病情的病人在服用药物时，可按说明书中规定的方法与剂量执行。

（2）急救药箱内的药品要定期检查和更换，以免失去药效，甚至变成有毒物质。

四、紧急联络电话看板

除了110及119这两个电话号码之外，附近的派出所、电力公司、自来水公司、煤气公司及各相关主管的电话号码，都可能用到。但因为平时很少使用，所以不容易记住，一旦需要用时，却找不到对方的电话号码。

所以，若在午托班内设置一个“紧急联络电话看板”（见表4-2），将相关联络对象的电话号码标示出来，肯定有助于工作人员或是学生提升应对紧急事件的应变能力。

表4-2　　紧急联络电话

紧急响应机构	警察：110 消防：119 急救：120 派出所： 医院： 自来水公司： 煤气公司： 电力公司：
午托班有关主管	经理： 老师： ……

【范本25】

××托管中心公共安全事件应急预案

为及时妥善处理本托管中心发生的安全紧急事件，提高紧急情况处理的快速反应和协调水平，维护正常的秩序，根据有关法律、法规、政策，结合我中心实际特制订本应急预案。

一、指导思想

建立托管中心公共安全事件应急处理机制，迅速、及时、积极地开展各项处理工作，最大限度地降低损失，有效保障师生及中心的生命财产安全。

二、组织结构

托管中心成立安全紧急情况处理小组：

组长：（略）

副组长：（略）

成员：（略）

三、食物中毒应急预案

1.发现学生有类似食物中毒症状时，应迅速送学校医疗室进行初诊，同时拨打“120”电话或送医院进行处理。

2.迅速向管理人员及卫生防疫部门报告。

3.做好所有食物、食品的取样工作，以备卫生部门检验。如是食用托管中心外食物所致，也应积极配合有关部门取样。

4.迅速排查食用致毒食物的学生名单，并检查这些学生的身体状况。

5.及时通知家长并做好家长的工作。

6.积极配合上级有关部门做好诊治、调查事故、处理等工作。

四、其他突发事件的应急预案

1.如果社会人员到托管中心对学生造成伤害，管理老师要及时向安全紧急情况处理小组和管理人员报告，其他同学在老师安排下要采取积极措施保护自己或疏散。

2.安全紧急情况处理小组和管理人员接到报告后，立即组织人员进行制止，并拨打“110”报警。

3.对伤者应及时送医院就诊。

4.及时上报教育主管部门。

5.迅速配合公安部门调查事故发生的原因。

6.通知受伤者的家长。

7.妥善处理事故，并做好有关材料的收集工作。

五、宿舍火灾事故应急预案

1.发生火灾事故时，在向119消防指挥中心报警的同时，立即报告管理人员。

2.迅速切断电源。

3.管理老师迅速疏散学生，撤离到安全区域。

4.积极配合消防人员救火。

5.在进行灭火的同时，应采取有效的隔离措施，防止大火蔓延。

本预案自制订之日起开始实施。

第二节　消防安全管理

一、午托班的防火

（一）预防家用电器产生火灾

只要平时注意检查各种电器及线路的使用状态，发现隐患及时处理，就能有效降低家用电器火灾的发生概率。午托班从业人员应从以下几点做好预防，见表4-3：

表4-3　预防家用电器产生火灾的措施

序号	措施	备　注
1	家庭用具的摆放	电暖器、取暖炉等要远离家具、电线、电器设备等；不要把衣物、纸张等易燃物品靠近电灯、电暖气、炉火等；插座、开关附近也不要堆放易燃物品
2	适时地切断电源	睡觉前或午托场所无人时，要切断电视机、收录机、电风扇等家用电器的电源
3	检查修理	如果发现墙上电闸盒保险丝熔断、灯光闪烁、电视图像不稳、电源插座发烫、开关或电源插座冒火星等，要立即请电工进行检查修理
4	正确使用电器	对买回的新电器，应认真阅读其使用说明书，正确使用电器非常重要。特别注意接通电烙铁的电源后，人不要离开
5	及时清理灰尘	及时清理电视机、空调、电冰箱等各种家用电器散热板上的灰尘，防止灰尘堆积而堵住散热孔引发事故

（二）预防厨房火灾

午托班从业人员应管理好厨房的煤气和灶具，预防厨房火灾。因为多数家庭火灾，都发生在厨房。午托班从业人员可以从以下几方面预防厨房火灾的发生：

（1）做饭时人尽量不要离开。

（2）灶具在开着时，不能长时间无人看管。

（3）不要把食品、毛巾、抹布等放在煤气炉等炉具上。

（4）烧水做饭时，注意不要让溢出物浇灭炉火。

（5）要经常清除灶具上的油污和溢出的食物。

（6）要用锅盖或大盘子扑救较小的油火，千万不要在油火上泼水。

（7）不要把汽油、油漆、干洗剂等放在厨房内，更不要把它们放在灶具上。

（8）晚上睡觉前或白天出门前，一定要检查炉灶，关好煤气。

（三）日常生活中的火灾预防

午托班从业人员应注意日常生活中的各种细节，稍不留神也会发生意想不到的火灾。因此，应注意以下几点：

（1）火柴、打火机等应放在学生够不着的地方。

（2）平时应给学生讲解防火知识，教育学生不要玩火。

（3）管理好午托班的可燃、易燃油品，避免油品火灾。

（4）保持楼道清洁整齐，不在出口走道内或楼道内堆放杂物。

二、发生火灾时的灭火、自救

（一）灭火的主要手段

灭火的主要手段有以下三种，见表4-4所示：

表4-4　　灭火的主要手段

序号	主要手段	备　注
1	隔离	使流入燃烧区的可燃蒸气或气体的数量减少到低于燃烧物的着火下限；使可燃蒸气或气体完全隔离着火区，放置到安全地带，使之不能继续燃烧
2	窒息	使燃烧区周围的空气浓度减小到不能维持物质燃烧的浓度；根本不让空气进入燃烧区，使其熄灭
3	冷却	使燃烧区的温度下降，下降到燃烧物的燃点以下，不能再继续燃烧，火就会熄灭

特别提示

家庭中常用水灭火。水既能起到冷却降温作用，还能起到窒息作用，所以火很快会被扑灭。

（二）火灾的应急处理

发生火灾时，可以按照以下应急方法处理，见表4-5：

表4-5 午托班火灾的应急处理方法

序号	应急方法	备 注
1	及时报火警	发生火灾，应及时报警，做到报警早、损失小。切记火警电话号码是“119”
2	迅速扑灭初期火灾	尽可能集中力量把火灾消灭在萌芽阶段
3	先救人，后救财物	发生火灾时，应急呼四邻人员扑救，并组织学生迅速撤离，以免延误时间，造成大灾
4	沉着冷静	撤离现场时，疏散物资应依次进行。千万不要争先恐后、相互拥挤，更不能因中途阻塞安全通道而发生自践，造成不应有的悲剧
5	想办法逃生	楼房起火时，千万不可跳楼逃生。可将被单、窗帘、桌布或其他可以利用的绳物接成绳索，系牢后，抓住绳索往下滑到安全地点。如果有浓烟，应尽可能俯身或爬行出门，用湿毛巾或衣物捂住鼻、口；开门时用衣物或毛巾将手包住，以免烧热的门把烫手

特别提示

如果发现房间里有很浓的燃气味，先用湿毛巾捂住鼻、口，然后立即关闭气阀和炉具开关，并打开门窗。不要开关室内任何电器或使用室内电话，以免发生火灾或爆炸。

相关知识：

拨打“119”报警的具体方法

1.拨通“119”号码。

2.电话通了以后，将火灾发生的地点（详细地址）、时间、火势情况及发生火灾地点的周围环境等做简要的说明，例如：“这里是××区

××花园××栋××号。”

3.如果知道是由什么引起的火灾及主要燃烧物，火灾现场及周围有无易燃、易爆、有毒等危险品，也最好说明。例如：“××物体（房屋、垃圾堆等）着火了。”

4.说明火灾现场能否进大车（通往火灾现场的道路情况）。

5.说出自己的姓名、性别、年龄、住址、联系电话。

6.待对方挂断电话再挂机。

（三）灭火器的使用方法

灭火器是一种轻便的灭火工具，它可以用于扑救初起火灾，控制火势蔓延。不同种类的灭火器，适用于不同性质的火灾，其结构和使用方法也各不相同。灭火器的种类较多，常用的主要有：泡沫灭火器、二氧化碳灭火器、干粉灭火器和1211灭火器。不同灭火器适宜扑救的火灾见表4-6。

表4-6　　不同灭火器的适用范围

序号	种类	适用范围
1	干粉灭火器	适于扑灭液体、气体、电器火灾（干粉有5万伏以上的电绝缘性能），有的还能扑救固体火灾，不能扑救轻金属燃烧的火灾
2	二氧化碳灭火器	不导电，适于扑救贵重仪器设备、档案资料、计算机室内火灾，也适于扑救带电的低压电气设备和油类火灾，但不可扑救钾、钠、镁、铝等金属燃烧的火灾
3	1211灭火器	适于扑救精密仪器、电子设备、文物档案资料火灾
4	泡沫灭火器	最适于扑救液体火灾，不能扑救水溶性可燃、易燃液体（如醇、酯、醚、酮等物质）的火灾和电器火灾

目前家庭使用的主要是干粉灭火器，以下简要介绍其用法：

（1）使用时先拔掉保险销（有的是拉起拉环），再按下压把，干粉即可喷出（见图4−6）。

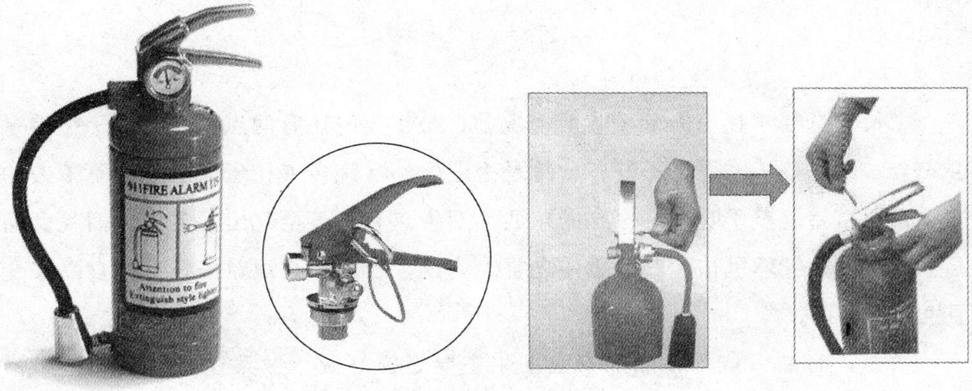

灭火器　　灭火器拉环　　除掉封铅

图4-6　拔掉保险销

（2）由于干粉喷射时间短，因此，在喷射前要选择好喷射目标，并且要接近火焰。由于干粉容易飘散，故不宜逆风喷射（见图4−7）。

（3）灭火后，把灭火器卧放地上，喷嘴朝下（见图4−8）。

图4-7　灭火

图4-8　灭火后灭火器喷嘴朝下

注意保养灭火器，要放在易取、干燥、通风处。每年要检查两次干粉是否结块，如有结块要及时更换。每年检查一次药剂重量，若小于规定的重量或压力表气压不足，应及时充装。

第三节　饮食安全卫生

家长在选择午托班时除了收费情况外，最重要的还有两点：一是孩子住得是否安全，二是孩子吃得好不好，食物是否卫生。有许多午托班最后经营不下去的主要原因，就是孩子吃不好、吃的东西不卫生，有的甚至吃出了毛病。而且食品卫生安全也是管理机构检查的重中之重。所以，管理者必须对午托班的食品安全卫生高度重视。

然而，有的人认为食品的安全卫生主要是抓好做饭做菜这一环节，这是错误的。要真正地确保午托班的食品卫生安全，确保学生吃得好、吃得饱、吃得卫生，必须从以下几个方面着手，如图4-9所示：

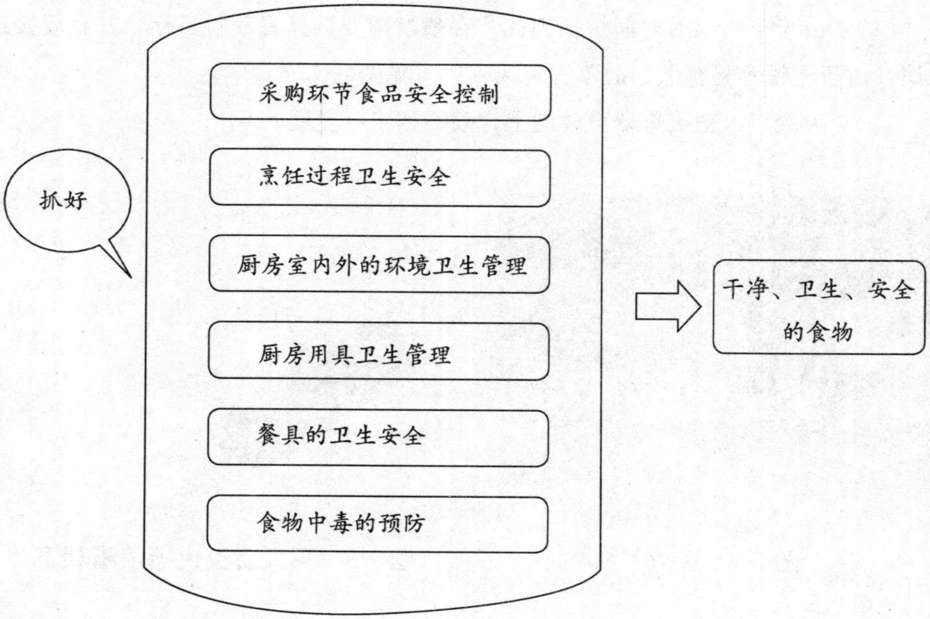

图4-9　午托班食品安全要从多方面去抓

一、采购环节食品安全控制

食品安全卫生应该从采购环节抓起，也相当于从食品的源头抓起。午托班的采购人员应该采购符合卫生标准的食品，并从正规的商业渠道进货。

（1）采购人员必须熟悉午托班所用的各种食品与原料的品种及相关的卫生标准、卫生管理办法和其他法律法规要求。掌握必要的食品感官检查方法。

（2）采购食品应遵循用多少定多少的原则。采购的食品原料及成品必须色、香、味、形正常，采购肉类、水产品要注意其新鲜度。

（3）采购人员不得采购腐败、变质、霉变或其他不符合卫生标准要求的食品。如病死、毒死、死因不明、有异味的禽、畜、水产品等及其制品；不得采购《食品卫生法》所禁止生产经营的食品、无证食品或来路不明的食品。

（4）采购人员采购时应向供应商索取发票等购货凭据，并做好采购记录，便于溯源。向食品生产单位、批发市场等批量采购食品时，还应索取食品卫生许可证、检验（检疫）合格证明等，特别是熟食、豆制品、凉拌菜等直接入口的食品。

（5）采购定型包装食品和食品添加剂时，食品商标（或说明书）上应有品名、厂名、厂址、生产日期、批号或者代号、规格、配方或者主要成分、保存期（保质期）、食用或者使用方法等中文标识内容。

（6）采购乳制品、调味品等食品，应向供应方索取本批次的检验合格证或检验单。

（7）蔬菜等散装农副食品及鱼类等鲜活产品应保证由正规渠道进货，最好是定点采购，确保无农药及其他有毒有害化学品污染，检查或索取检验（检疫）合格证明。

（8）所采购的食品容器、包装材料和食品用工具、设备必须符合卫生标准和卫生管理办法的规定，有检验合格证。

（9）所采购的用于清洗食品和食品用工具的洗涤剂、消毒剂必须符合相关的国家卫生标准和要求。

（10）运输食品应使用专用工具并保持清洁，严禁与其他非食品混装、混运。运输冷冻食品应当有必要的保温设备。运输过程中应防雨、防尘、防蝇、防晒及防止其他污染。

相关知识：

各类食品原料选购标准要求

1.米

（1）米粒均匀饱满、完整、坚实而重。

（2）光洁明亮，无发霉、石粉、砂粒、虫等异物。

（3）越精白者，维生素B越少，因此宜选用胚芽米更营养。

2.面粉

（1）粉质干松、细柔而无异味者。

（2）依蛋白质含量的不同，其区别如下表所示：

面粉分类

低筋	蛋白质含量低，颜色最洁白，紧握后较易成团，宜做小西点及蛋糕之用
中筋	蛋白质介于高、低筋之间，宜做面条之用
高筋	蛋白质含量最高，其色微黄，紧握不易成团，专做面包之用

3.乳类

（1）奶粉类。奶粉宜选择乳白色不成块状的粉末，并选罐制或不透明袋装的产品，不要购买透明、塑胶袋装的不合法产品，外观标识必须清楚。

（2）罐头类

✓包装精美完整，罐头平整不向外凸出。

✓标识说明清楚，包括容量、厂牌、厂址、制造日期等。

（3）鲜奶类

✓奶味鲜美，且有乳香，色白而密黄。

✓乳水油腻而不结块。

✓注意制造日期、厂商销售期间的存放方式、储藏温度控制等情形。

✓须经卫生检验机构检验合格。

4.肉类

（1）家畜肉类（牛猪肉）

✓品质好的猪肉瘦肉部分为粉红色，肥肉部分为白色且清新，硬度适中，无不良颗粒存在，肉质结实，肉层分明，质纹细嫩，指压有弹性，表面无出水现象。

✓牛肉瘦肉部分则为桃红色，肥肉呈白色，但牛筋则为浅黄色。

✓病畜肉常有不良颗粒，瘦肉颜色苍白；死畜肉呈暗黑色或因放血不清有淤血现象；肉皮上未盖检疫章者为私宰牲畜，无保障。

（2）家禽类

✓活的家禽，头冠鲜红挺立，羽毛光洁明亮，眼睛灵活有神，腹部肉质丰厚而结实，肛门洁净而无污物。

✓杀好的家禽，外皮完整光滑，整体肥圆丰满者为佳。

（3）内脏

✓肝应选灰红色、有弹性、无斑点的。

✓猪肚应选肥厚、色白、表面光亮、无积水的。

5.水产类

（1）鱼类

✓鳞片整齐而完整。

✓眼睛明亮，呈水晶状。

✓鱼鳃鲜红，鱼肚坚挺而不下陷，鱼身结实而富弹性。

✓只有正常的鱼腥味而无腐臭味。

（2）虾类

✓鲜虾种类繁多，依其种类各有其应有的色泽。

✓虾身硬挺、光滑、明亮、饱满。

✓虾身完整，头壳不易脱落。

✓具有自然的虾腥味而无腐臭味。

（3）蟹类

✓蟹身丰满肥圆。

✓蟹眼明亮、肢腿坚挺、胸背甲壳结实而坚硬。

✓腹白而背壳内有蟹黄。

（4）蛤蚌螺类

✓外壳滑亮洁净

✓外壳互敲时，声音清脆。

✓无腐臭味。

6.蛋类

（1）鲜蛋类

✓新鲜蛋外壳粗糙有光泽，并且清洁无破损。

✓以灯光照射，其内应透明，无混浊或黑色。

✓蛋气量要小，用手摇之无振荡之感。

✓放入水中会沉下去。

✓ 蛋打开后，蛋黄丰圆隆挺，蛋白透明坚挺包围于蛋黄四周而不流散。

（2）皮蛋类。外壳干净无黑点，手拿两端轻敲时，有弹性振动感。

7.蔬菜类

（1）胡萝卜：头尾粗细均匀，色红而坚脆，外皮完整光洁，水分充足。

（2）白萝卜：头尾粗细均匀，色白而表皮完整细嫩，用手弹打有结实感。

（3）马铃薯：表皮洁净完整，色微黄，水分充足，无芽眼。

（4）小黄瓜：头尾粗细均匀，表皮瓜刺挺直、坚实，碧绿而带有绒毛，瓜肉肥厚。

（5）大黄瓜：头尾粗细均匀，表皮光洁平滑，瓜肉肥厚、坚脆，水分充足。

（6）青椒：外观平整均匀，表皮滑亮，色绿而坚挺。

（7）茄子：表皮光滑呈深紫色，茄身粗细均匀、瘦小、坚挺，以蒂小者为佳。

（8）笋：笋身粗短，笋肉肥大，肉质细嫩。

（9）茭白笋：色白，光滑肥嫩，切开后没有黑点。

（10）洋菇：蒂与基部紧锁而未全开放，呈自然白色，若过分洁白，则可能添加了荧光剂。

（11）洋葱：表皮有土黄色薄膜，质地结实者为佳。

（12）芋头：表皮完整，丰厚肥嫩，头部以小刀切开呈白色粉状物为佳。

（13）香菇：选茎小而肥厚者，菇背有白线纹为上品菇。

（14）甘蓝：叶片呈暗绿色、肥厚嫩滑而无虫害，茎部肥嫩者为佳。

（15）菠菜：叶片呈深绿色、肥厚滑嫩，茎部粗大硬挺，基部肥满而呈红色。

（16）丝瓜：表皮瓜刺挺立而带绒毛，瓜身粗细均匀、硬挺，重量重者为佳。

（17）包心菜：外层翠绿，里层纯白，叶片明亮滑嫩而硬挺，包里较宽松。

（18）茼蒿：叶片肥厚、嫩滑、硬挺、完整而无虫害。

（19）空心菜：茎部要短，叶片肥厚、完整而无虫害。

（20）芹菜：茎部肥厚而色白为佳。

（21）苋菜：叶片肥厚而无虫害。

（22）葱、蒜：茎部粗肥而长者为佳。

（23）豇豆：粗细均匀而肥嫩。

（24）四季豆：粗细均匀而滑嫩。

（25）豌豆：肥嫩坚挺而完整。

（26）西红柿：表皮均匀完整，皮薄，有光泽，翠绿中带红色者为佳。

8.调味品

（1）食用油类

✓固体猪油以白色、无杂质且具有浓厚香味者为上品。

✓液体油则以清澈、无杂质且无异味者为佳。

（2）酱油类：有品牌、经卫生检验有明显标识、具有豆香味、无杂质且无发霉者为佳。

（3）食盐：色泽光洁，无杂质，干松为佳。

（4）味精：色泽光洁、无杂质、干松为佳，用火烘烤会溶化者，即属真品。

（5）食醋：种类繁多，有清纯如水者，也有略带微黄者，选购时以光洁、清澈、无杂质为佳。

（6）酒类：调理用酒以黄酒、高粱酒、米酒居多，宜选用清澈、无杂质者。

（7）糖类：以干松而无杂质为佳。

二、烹饪过程卫生安全

菜品加工卫生管理，实际上就是菜品烹饪工艺流程中的卫生管理，它是指对菜品原料经过选择、初加工、切配、加热烹制等工艺过程中所有卫生问题的管理。

（一）菜品烹饪过程的卫生管理

菜品加工过程中的卫生质量，直接关系到菜品成品的质量。由于烹饪原料及制作方法的不同，各工序必须严格遵守操作规程，不仅要注意在烹调过程中对原料中营养素的保护，更要注意菜品制作过程中的卫生要求。一方面要注意最大限度地减少污染，同时还要避免异物混入，另一方面要注意保护原料的营养素不受破坏。具体要从以下几个方面来加强管理，见表4-7。

表4-7　　菜品烹饪过程的卫生管理重点及要求

序号	管理重点	要　求
1	科学解冻食品原料	（1）冷冻的食品原料在解冻时，应经过缓慢地解冻后再进行烹制 （2）解冻后的食品原料应一次使用完，不准二次冻结，以免影响原料的质量

续表

序号	管理重点	要　　求
2	加热过程严格控制火候	（1）菜品在烹制加热过程中，要特别注意控制加热时火力的强弱与加热时间的长短，尽可能注意不要把菜品烧焦或烤煳，以防止化学性污染物的形成 （2）如不慎将菜品烧焦，应在食用前除去烧焦部位
3	菜品加热时用火要均匀	菜品制作加热时，应使食品原料受热均匀，尤其要注意块大、形整及较厚的菜品，一定要烧熟煎透，防止外熟里生，甚至外焦煳而内不熟的现象发生
4	尽量缩短加工时间	由于菜品长时间暴露在空气中，加之手工操作与各种工具的使用，会使菜品细菌大量繁殖而造成食品污染变质。因此，从业人员应特别注意菜品加工时的环境卫生，尽可能地缩短加工时间
5	保持良好的环境卫生	（1）做好厨房和用具的清洁消毒工作，保持室内空气新鲜，严防灰尘飞扬 （2）熟食存放时应加罩或盖，以防微生物污染 （3）凡接触过或盛放过熟食制品的用具和盛器，要做到每使用一次消毒一次
6	严格盛装时的卫生要求	（1）菜品、食品装盘之前，盛器必须经过严格的洗净消毒处理 （2）装盘时手指要保持清洁，并且不要与菜肴发生接触 （3）装盘时应适当防止菜肴或卤汁外溢，如果溢出盘外，不要用抹布擦拭盘边，正确的处理方式是另换一只盘盛装
7	妥善保管剩余原料	（1）对已打开的并已使用的经过严格卫生包装的食品原料及半成品，以及冲制后的蛋、乳制品及其糊浆、调料汁等原料，预制时尽可能根据当天的需要加工 （2）允许现制现用的可以随时根据需要加工或开启包装，一次使用完为妥。对剩余的部分原料，要及时清理油渍或者加热后盛入专用的容器中存入冰箱保管，防止变味、变质
8	加强厨师个人卫生管理，要求其养成良好的个人卫生习惯	（1）手须洗干净，不得留长指甲 （2）进厨房必须戴口罩，给学生分餐时必须戴一次性手套 （3）不准在工作时间及工作场所中吸烟、吃零食、饮酒、嚼口香糖等 （4）除为工作内容的交谈外，不准闲谈、聊天、嬉笑打闹等

续表

序号	管理重点	要　求
8	加强厨师个人卫生管理，要求其养成良好的个人卫生习惯	（5）试尝菜肴口味时，应用小汤匙取汤到专用的尝味碟中，尝后将余汁倒掉。彻底废弃传统的直接用手勺尝汤的陋习 （6）用手拿放干净的餐具、烹饪用具时，不可用手与其内缘直接接触 （7）手持烹饪用具、餐具时，只可接触其柄、底部、边缘，以免污染手部 （8）用于加工、准备菜品的用具，不可与工作人员身体的任何部位接触 （9）一般情况下，工作人员的手不宜直接接触菜品等食品，装盘时应使用食夹等工具 （10）传递菜品时，手指不要直接接触菜品 （11）餐具、器皿掉落地上后，应先洗涤干净然后再使用 （12）熟菜品掉落地上，则应完全丢弃，不可食用 （13）不可使用破裂的餐具、器皿盛装菜品

（二）菜品中异物的卫生管理

1.常见异物的种类

（1）金属类异物，如小型螺钉、大头针、钢丝等。

（2）纸片、纸屑等。

（3）头发。

（4）布条、线头之类。

（5）杂草、木屑等。

（6）碎玻璃碴儿、瓷片等。

（7）小型动物的尸体，主要是传播细菌的苍蝇、蚊虫等。

2.管理异物的方法

（1）原料在初加工的过程中，必须将杂物剔除干净，尤其是蔬菜类的择洗加工。

（2）切割好的原料放置在专用料盒中，并加盖防护盖，避免落入异物。

（3）切割原料时，对抹布的使用要特别注意，避免线头等混入菜料中。

（4）洗涤器具时使用的钢丝球、丝网一定要严格管理，避免将断下的钢丝混入菜品中。

（5）在维修保养烹饪设备时，严禁将螺钉、电线头等乱扔乱放。要准备专用盒子存放，如有遗失及时寻找，以防混入食物中。

三、厨房室内外的环境卫生管理

厨房室内外环境一般包括天花板、墙壁、门窗、地面、废弃物处理等环节。如果厨房室内外的环境卫生管理不善，达不到卫生标准的要求，不仅会造成菜品加工过程的污染，也会影响厨师的身体健康。

（一）天花板

午托班的厨房天花板除了装饰功能外，管理者更需要关注其卫生管理的问题。具体要注意的卫生环节有以下几点：

（1）天花板的设计应强调易于清扫，具有防止害虫隐匿和灰尘积聚的功能，避免天花板材料发霉或发生建筑材料的脱落等情形。

（2）天花板材料应选用无毒、无异味、不吸水、表面光洁、耐腐蚀、耐高温、浅色涂覆或装修的材料。

（3）天花板与横梁或墙壁结合处宜有一定弧度（曲率半径在3厘米以上）；水蒸气较多的场所天花板应有适当坡度，利于水凝结滴落。

（4）烹调场所天花板离地面宜在2.5米以上，小于2.5米的应采用机械通风，使换气量符合国家《饮食建筑设计规范》要求。

（5）注意日常清洗，主要用吸尘器或扫帚进行清洁。对局部被弄脏，污垢严重的地方，可用湿抹布进行擦拭，或把清洁剂喷洒在天花板上，再用抹布擦拭。

（6）使用吸尘器清洁天花板时注意对墙壁上排气口部位的清洁，灰尘较厚的地方、无法用吸尘器除尘的墙角等，可用软刷或干抹布擦拭。

（二）墙壁

厨房墙壁常见的有两种，一种是用瓷砖装饰的墙壁，另一种则是用喷塑与涂料粉刷的墙壁。瓷砖装饰的墙壁有不可渗透性，表面平滑，便于清洗，且具有耐酸、抗油脂等优点，但很容易被强碱侵蚀，因此，清洗瓷砖不要用碱做清洁剂。喷塑与涂料粉刷的墙壁，多为乳白色或其他淡色，与用白石灰粉刷的墙壁相比，喷塑与涂料材料装饰的墙壁更加光洁平滑。具有一定的耐水性，但不能用水长时间浸泡，长期用水浸泡或受潮，容易使墙壁表面装饰层脱落，具体要注意的卫生环节如下：

1.材料的选择

食品处理区墙壁无论如何装饰，但材料一定要采用无毒、无异味、不透水、平滑、不易积垢的浅色材料构筑。墙角及柱角（墙壁与墙壁间、墙壁及柱与地面间、墙壁及柱与天花板间）宜有一定的弧度（曲率半径在3厘米以上），以防止积垢，便于清洗。

2.清洗方法

墙壁的清洗方法见表4-8。

表4-8 墙壁的清洗方法

序号	类别	清洗方法
1	使用瓷砖作为厨房装饰的墙壁	一般用湿抹布或浸润清洁剂溶液的抹布全面擦拭即可，但要注意墙角线较低位置的清洁，因为这一部分墙壁很容易沾染污水、杂物等，所以在清洁除污时，也可采用软刷刮擦的方法
2	使用喷塑与涂料粉刷装饰的墙壁	主要用吸尘器或扫帚进行清洁，对局部被弄脏，污垢严重的地方，可用湿抹布进行擦拭，或把清洁剂喷洒在墙壁或天花板上，再用抹布擦拭

说明：

（1）如果使用吸尘器清洁墙壁要注意对墙壁上排气口部位的清洁，灰尘较厚的地方、无法用吸尘器除尘的墙角等处，可用软刷或干抹布擦拭

（2）对用瓷砖装饰的下部墙壁，先用浸润清洁剂溶液的抹布自上而下擦拭一遍，再用清水洗涤的抹布擦拭干净

（3）对离地面较低的墙壁与墙角处的干结物，可用毛刷蘸清洁剂洗刷干净

（4）发现墙壁有破损的地方，应立即报修

（三）门窗与防蝇设施

厨房的门窗也是比较容易沾染污物的地方，主要是工作人员领取搬运食品原料出入频繁，厨房的门主要包括门扇、门框、拉手、防蝇门帘等。

1.门与门框清洁

（1）粗加工、切配、烹调、餐用具清洗消毒等场所的门应采用易清洗、不吸水的坚固材料制作。

（2）擦拭门框时，一般用干净的抹布擦拭两遍，用浸润过清洁剂溶液的抹布把门框自上而下，从外到内擦拭一遍，再用清水把抹布洗涤干净擦拭一遍。按同样顺序把门扇擦拭干净。

（3）对门扇上方的玻璃，分别用湿、干抹布各擦拭一次；对门扇下方的木板，应先用长柄软刷蘸水洗刷一遍，再用干净抹布擦拭。

（4）对门及门框的清洁标准是无污物、无污迹、无油渍水迹。

2.窗与纱窗清洁

厨房的窗子和纱窗是食堂特别容易沾染灰尘、油渍、污物的设施，也是卫生清洁的难点之一。特别是窗玻璃和纱窗，一旦被油渍污染，是很难清洗的。正因为这样，厨房的窗与纱窗的清洁就更应引起重视。清洁方法见表4-9。

表4-9　　窗与纱窗的清洁

序号	项目	清洁方法
1	窗	（1）首先摘下纱窗，后用软毛刷蘸清洁剂溶液洗刷，除去窗框、横梁、窗台、玻璃上的油渍、杂物及灰尘 （2）用清水冲洗干净，用湿抹布将窗框、横梁、窗台擦拭干净 （3）用不掉毛的软干布或吸水性能较好的纸巾擦干水分，然后用干净抹布蘸酒精擦拭窗户上的玻璃 （4）将清洁干净的纱窗安装在原来位置上
2	纱窗	（1）摘下纱窗，用软毛扫帚将纱窗上的灰尘扫除干净 （2）用软毛刷蘸清洁剂溶液洗刷一遍 （3）用清水在水池内清洗干净 （4）捞出纱窗，晾干
3	拉手	（1）每天清洁一次 （2）拉手和拉手周边的地方，一般先用湿抹布擦拭一遍，以除去污迹 （3）用干净的抹布蘸消毒剂擦拭一遍，达到消毒效果 （4）再用干净的干抹布擦拭一遍，以免黏滑

（四）地面

地面的清洁也是必须认真对待的问题，具体要注意的卫生环节如下：

（1）地面应用无毒、无异味、不透水、不易积垢的材料铺设，且应平整、无裂缝。

（2）粗加工、切配、餐用具清洗消毒和烹调等须经常冲洗场所、易潮湿场所的地面应使用易于清洗、防滑的材料，并应有一定的排水坡度及排水系统。排水沟应有坡度、保持通畅、便于清洗，沟内不应设置其他管路，侧面和底面接合处宜有一定弧度（曲率半径不小于3厘米），并设有可拆卸的盖板。

（五）废弃物处理

厨房因进行菜品的加工、制作，必然会产生一些垃圾及废弃的各种余料。如果这些垃圾及废弃物不能得到及时妥善处理，就会产生腐败的臭味，尤其是盛夏的高温天气，极易招来蚊、蝇、蟑螂、老鼠等，它们都是病菌的传播者，容易造成菜品等的污染。

1.废弃物处理的原则

厨房的废弃物种类很多，处理的时候应遵循以下三大原则，如图4-10所示。

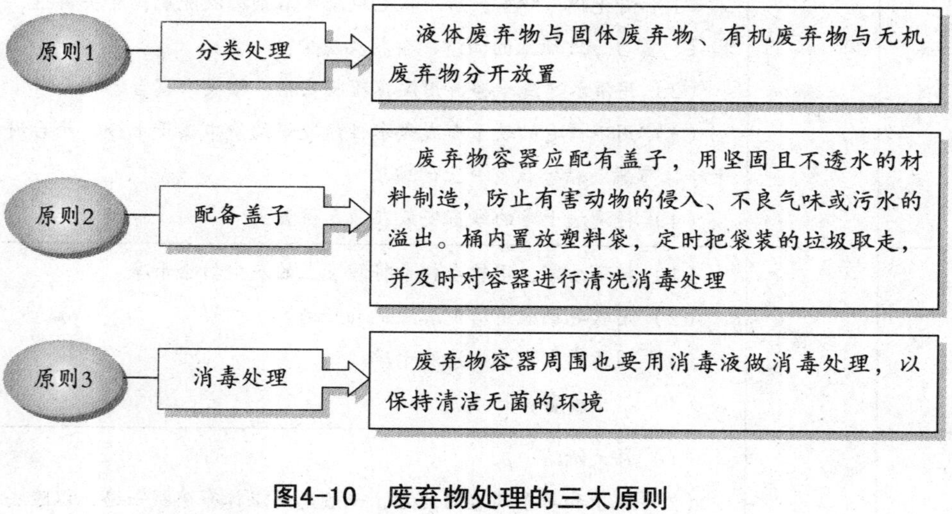

图4-10　废弃物处理的三大原则

2.废弃物处理的步骤

废弃物处理遵循以下六大步骤，如图4-11所示。

- 第一步：将散落在垃圾桶四周的垃圾、污物扫起，用铁簸箕盛入共用垃圾桶内
- 第二步：打开垃圾桶桶盖，将内衬的垃圾袋提起，扎好口，再把封口的垃圾袋装进备好的大垃圾袋内，封好口
- 第三步：将垃圾桶用长柄毛刷蘸清洁剂溶液内外反复洗刷，然后用清水冲干净，再用干抹布内外擦拭干净，待垃圾桶干燥后，将塑料垃圾袋装进垃圾桶内
- 第四步：在清洗垃圾桶的同时，用拖把蘸消毒清洁剂将放垃圾桶的地面擦抹一遍，然后将拖把洗涮干净，再将地面拖擦干净
- 第五步：把套上塑料垃圾袋的垃圾桶放回原处
- 第六步：将清洁工具清洗干净，晾干放回固定位置，以备下次使用

图4-11　废弃物处理的步骤

3.植物原料废弃物处理方法

厨房所产生的植物废弃物，包括蔬菜的老叶、弃叶、不能食用的根茎、被剥离削下的外皮等，当然也包括久置没有使用完而变质的蔬菜。加工蔬菜所产生的废弃物一般都含有大量的水分，极易腐烂发霉，发出腐臭的气味。特别是在温度高的环境下，放置时间稍长，就会腐烂。因此，对于加工蔬菜而产生的废弃物应及时予以清理，清理的步骤如下：

（1）在择洗加工蔬菜时，把废弃物分类装入垃圾桶。如把没有任何价值的根、皮及烂叶放在一起，把没有腐烂的老叶、菜帮等放在一起。

（2）蔬菜粗加工结束，立即将根等没有价值的废弃物集中用塑料袋封好，丢弃到公共垃圾箱内。

（3）把尚未腐烂的菜叶集中到一起，用作饲料或当肥料。

（4）清洗垃圾桶及周围的地面，并进行消毒处理。

4.动物原料废弃物处理方法

厨房的动物类废弃物主要来自对鱼类、动物内脏等加工时所清理下来的部分。动物的内脏、弃皮、鳞等本身因为含有大量的霉，在常温下很容易腐烂发臭，所以，清理下来的动物类废弃物一定要用专门的垃圾桶盛装，并及时清理，尤其是在气温较高的季节。清理时要注意三个要点，如图4-12所示。

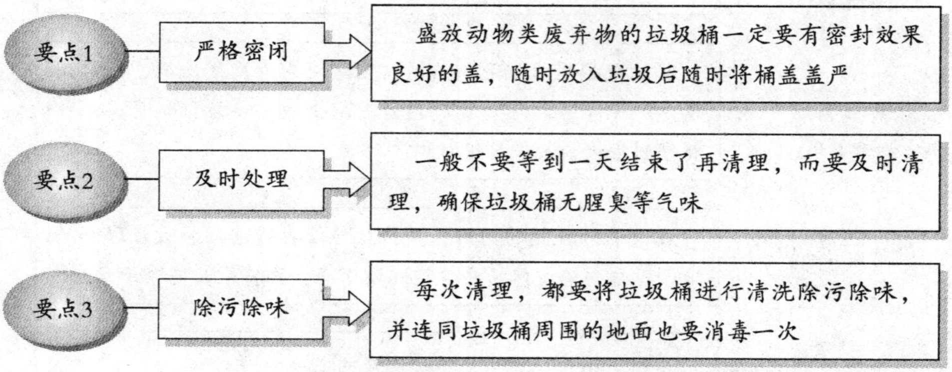

图4-12 动物原料废弃物处理三要点

四、厨房用具卫生管理

厨房内有各种各样的用具，这些小的用具如果管理或使用不当，厨师又用不干净的烹饪用具加工烹制菜品，同样会使本来干净的菜品原料被有害物质污染。因此，烹饪用具的卫生安全也是不可忽视的一个环节。厨房里的烹饪用具种类繁多，用途不一，主要有灶台用具、砧板用具、配菜台和其他用具。灶台用具如调料盆罐、手勺、炊帚、锅铲、漏网、漏勺等，使用的用具如木墩、案板、各种刀具、配菜盘等，这些用具在每次使用结束后都要进行清洗与消毒处理。

（一）灶台用具清洗

炉灶，特别是炒菜灶上的烹饪用具，品种繁多，常用的就有炒锅、锅铲、筷子、漏勺、锅垫、油瓶等，一般都是金属制品，所以是比较容易清洗的。具体的清洁一般要经过以下四个步骤：

1.清洗

清洗是将灶台用具放入按比例调制的洗涤剂水溶液中，对灶台用具进行彻底洗刷，以除去灶台用具上的污物、油渍等。

2.冲刷

冲刷是把清洗过的灶台用具用流动的净水将用具上的洗涤液冲掉。

3.消毒

灶台用具的消毒一般采用煮沸或蒸汽消毒的方法，可将灶台用具放入100℃的水中或100℃的蒸汽中加热5分钟以上。

4.存放

将消毒过的灶台用具晾干后放入专用的橱柜内存放，并确保橱柜是干净卫生的，以免造成灶台用具的再次污染。

（二）调理台用具清洁

调理台的用具也是很多的，有盛装生料的料盘及盛装各种调料的料罐，这些用具是非常容易形成交叉污染的。因此每餐后一定要进行严格的清洁处理，特别是盛装调料的盆罐，收拾时，必须将剩余的调料倒出，对料罐进行认真的清洗，消毒后在专门的柜内存放。清洁的步骤如下：

1.清洗除污

将所有用具放入按比例调制的洗涤剂溶液中，对调理台用具进行彻底的清洗，以除去用具上的污物、油渍等。如果调料盒等用具上有硬结物，则应用热水浸泡变软后，再用硬毛刷蘸清洁剂将污物清除洗净。

2.冲洗清洁剂液

把用清洁剂溶液清洗过的用具用流动的净水将用具上的洗涤液冲掉，如果是在洗涤盆中冲洗，则至少要换清水冲洗3次，以确保用具上的清洁剂没有残留。

3.消毒灭菌

调理台上的用具洗涤干净后一定要进行消毒灭菌处理，消毒一般采用煮沸或蒸汽消毒的方法，可将用具放入100℃的水中或100℃的蒸汽中加热5分钟以上。如果是塑料等不耐高温的用具，则应使用消毒清洁剂或高锰酸钾溶液进行消毒处理。

4.卫生存放

将消毒过的调料盒等用具晾干后，放入专用的橱柜内存放，并确保橱柜是干净卫生的，以免造成调理台用具的再次污染。

（三）抹布清洁

在厨房所有的工具中，厨师手中的抹布是使用频率最高的，也是卫生状况最差的、最容易造成微生物传播与污染的用具。厨房有些菜品形成的有害物质交叉污染，往往也是由厨师手中的抹布引起的，因此必须对抹布的清洁卫生和消毒处理进行严格的管理。每次使用结束后，必须及时进行严格的洗净与消毒处理，抹布的洗涤与消毒处理方法如下：

1.热碱水洗涤

将抹布先用热碱水煮沸，浸泡5分钟以上。然后搓洗捞出，用温清水反复洗净碱液为止，拧净水分。再放于100℃的沸水中煮5分钟以上，捞出拧净水分，晾干。

2.用洗涤剂洗涤

将抹布蘸上一定量的洗涤剂或洗涤剂水溶液，经过浸泡、搓洗后，再用清水反复洗净。然后在100℃的沸水中煮5分钟以上，或在100℃以上的蒸汽中加热5分钟以上，取出后晾干。

3.水洗微波消毒法

用一般中性清洁剂溶液将抹布反复搓洗，除净油渍污秽。然后用清水冲洗两遍，拧净水分，放入微波炉食品盘上，用高火力加热2～3分钟取出晾干。

（四）卫生工具清洁

所谓卫生工具是指厨房在整理打扫卫生时所使用的各种工具。这些卫生工具如毛刷、拖把、笤帚、簸箕、洗涤剂等，若不能妥善处理，也会造成污染。因此，必须对这些卫生工具进行清洁，清洁方法如下：

（1）厨房所使用的各种卫生工具必须由专人负责管理。

（2）每次用完后一定要清洗干净，消毒后晾干。

（3）卫生工具应设置专门位置存放。

五、餐具的卫生安全

餐具卫生状况的好坏，会直接影响菜肴的卫生安全。如果餐具不干净，菜肴在使用餐具盛装时就会发生污染，使本来卫生安全的菜肴被污染成为含有危害因素的食品。

因此，餐具的卫生安全是影响餐饮菜品卫生安全的又一个重要环节。这里所说的餐具包括一切与进食时有关的各种器皿，如盘、杯、碗、碟、匙、筷等，这些餐具均应进行严格的洗涤、消毒处理，并能够得到妥善的存放。

午托班餐具的洗涤步骤一般应包括预洗、清洗、冲洗、消毒、干燥、存放等。

（一）预洗

预洗的目的在于刮去脏物。可用木制刮板将餐具内的剩余饭菜清除干净，然后用莲蓬式喷头以温水冲去油渍，清除餐具上的附着物。同时为了保证洗涤的效果，把餐具按不同的种类分开，可以有效地节省洗涤剂与用水量。

（二）清洗

清洗主要是为了除净附着在餐具上的油渍污物，并起到初步减少细菌的作用，但没有杀菌效果。清洗的效果取决于洗涤的方法、操作规程、用水量、水温、洗涤剂的种类与浓度、洗涤的时间等因素。手洗一般是在水池内加入温水，按比例加入洗涤剂，将预洗过的餐具放置于水池内，经过一段时间的浸泡后，用软布依次将餐具内外洗涤干净。

（三）冲洗

冲洗的主要目的是洗去洗涤液，就是将清洗过的餐具用流动的清水把餐具上的洗涤液冲掉。

（四）消毒

餐具洗净后的重要工作就是进行消毒处理，消毒的目的是确保餐具上的微生物杀灭干净，以保证餐具的卫生安全。目前，午托班常用的消毒方法主要有以下几种：

（1）水煮。在100℃的水中将餐具煮10分钟。

（2）汽蒸。在100℃以上的蒸汽中将餐具加热5分钟以上。

（3）微波。在微波炉内用高火力加热2分钟以上。

（五）干燥

干燥就是把带水的餐具去净水分的过程，一般将消毒后的餐具以倒置状态控干或晾干水分。有条件的可用烘干机等设备将餐具上的水分去除干净，使餐具保持干燥状态。

（六）存放

将经过干燥处理的餐具放入专用的餐具柜内存放，存放餐具的柜子也应该先进行消毒处理，以免干净的餐具被再度污染。

六、要预防食物中毒

我国食品卫生国家标准《食物中毒诊断标准及技术处理总则》（GB 14938—94）中明确了食物中毒的定义，即指摄入了含有生物性、化学性有毒有害物质的食品或把有毒有害物质当做食品摄入后出现的非传染性（不属于传染病）的急性、亚急性疾病。

（一）食物中毒产生的因素

引发食物中毒的主要因素有如下几个方面：

（1）食品冷藏不当，例如食品冷藏的温度不够低。

（2）食品加热处理不当，例如食品加热的时间过短，未能有效杀死细菌。

（3）食品保温储存不当，致使细菌过快繁殖。

（4）烹调后的菜品放置过久未加热就直接食用。

（5）已感染病菌的人接触过食品，尤其是已加工好的成品。

（6）加工后的食品交叉污染。

（7）食用已污染的生食品（细菌性）或熟食品（化学性）。

（8）容器、器具清洗不洁，残留过多污垢。

（9）食品原料来源不安全。

（10）直接食用未经处理的剩余食品。

（11）误食有毒的食品。

（12）食用不良发酵的食品。

（13）误食添加剂或使用不当。

如果午托班在安全管理中能特别关注上述引发食物中毒的主要因素，抑制病菌（微生物）的生长繁殖，就可将食品安全隐患减小到最低程度，从而有效地预防食物中毒事件的发生。

（二）预防食物中毒的具体措施

由于有毒食品的种类和食物致毒的原因各不相同，因而所制定的预防食物中毒的措施也就不尽相同，具体来看有以下几种：

1.细菌性食物中毒的预防措施

预防细菌性食物中毒的有效措施一般有两个方面，一是减少或彻底杜绝各种有害细菌对食物的污染，二是对被细菌污染的食物进行彻底的灭菌处理。有害细菌很容易在肉类等动物性食品中大量繁殖，所以防止细菌性食物中毒最积极有效的措施便是防止食品污染，或将被污染的食品彻底加热。

（1）避免各种因素对食品的污染：有害细菌的污染源主要是带菌动物和接触过生的食物的容器，比如切肉刀板等。此外苍蝇、蟑螂和老鼠也是有害细菌的寄主，很容易传播有害细菌。因此，凡容器、切肉刀板只要接触过生肉、生内脏的都应及时洗刷清洗，不能因为嫌麻烦，而连续使用。

（2）防止细菌大量繁殖：生熟动物性食品及其制品，都应尽量在低温条件下保存，暂时缺乏冷藏设备时，工作人员也应及时将食品放于阴凉通风处。

（3）彻底进行加热处理：严禁食用病死或病后屠宰的家禽畜，对肉类等动物性食品，在烹调时应注意充分加热，以达到烧熟煮透的效果；剩菜、剩饭食用前应充分加热，以达到彻底灭菌的要求；熟肉类和肉类制品如存放时间稍长，在食用前应再加热一次。

（4）食品加工中做到：鸡蛋煮沸8分钟，鸭蛋煮沸10分钟；肉类在烹调过程中应使肉块中央呈灰色固体状，彻底烧熟煮透，中心温度达到70℃。

（5）禁止家禽、家畜及宠物进入厨房，彻底消灭老鼠、蟑螂、苍蝇等害虫。

2.化学性食物中毒的预防措施

避免化学性食物中毒的措施主要是在食品加工与保管过程中进行的，主要有以下几点：

（1）不用镀锌容器盛放、煮制、加工酸性食物。避免使用含铅量高的容器、工具等做饮食品用具、食具、容器及包装材料。食品生产过程中使用的化学物质或食品添加剂，必须符合食品卫生标准要求，并确保成品中含有的各种食品添加剂用量不超过国家规定标准。

（2）严格遵守食品卫生标准，凡食品原料中镉与汞含量超过国家规定标准的一律不进行菜品加工。

（3）控制食品原料及添加剂中的含铅量，使用添加剂时要严格按国家标准执行。

（4）蔬菜、水果食用前须清洗、浸泡或削皮，粮食须加工处理，以降低有机磷农药在食物中的残留量。

3.有毒动植物食物中毒的预防措施

（1）不买有毒或腐败变质的鱼类食品，尤其是青皮红肉鱼类。对含组胺较多的鱼类，应注意烹调方法，减轻其毒性。

（2）加工前应对菌类进行鉴别，对于未能识别有毒或无毒的菌种类，绝不能想当然地食用。应该把样品送有关部门鉴定，确认无毒后方可食用。

（3）发芽较重或变黑绿的马铃薯不得加工食用。在食用发芽较轻的马铃薯时，应去除芽和芽眼。而且发芽马铃薯不宜炒食，应煮透、烧熟后食用，烹调马铃薯时要加些醋。

（4）食用芸豆时应充分煮透，避免食用沸水焯过和旺火快炒的芸豆菜肴。

（5）加工杏仁时应充分加热，并敞开锅盖使其失去毒性。

（6）木薯不能生吃，要去皮、水浸、煮熟。新鲜木薯要剥去内皮后再加工，浸泡木薯的水及薯汤不宜弃于池塘内，也不宜喂牲畜。

4.真菌毒素食物中毒的预防措施

（1）防霉变：主要是控制温度和湿度，一般粮食含水量在13%以下，玉米12.5%以下，花生8%以下，真菌不易繁殖。因此，粮食储存要清洁、干燥、低温，要装有通风设备。

（2）祛毒素：如果粮食已被黄曲霉菌污染并产生毒素，应设法将毒素清除或破坏。可用物理、化学或生物学方法去毒，或将毒素破坏。可利用的方法主要有以下几种：

✓挑选霉粒法。

✓碾轧加工法。

✓加碱去毒法。

✓物理吸附法。

✓加水搓洗法。

（三）食物中毒的处理

一旦有员工或学生发生了食物中毒事件，必须依循一定的处理原则和处理步骤。

1.处理原则

食物中毒发生后，即面临对病人、家长、食品、现场和责任的处理问题。进行各项处理的目的是防止危害进一步扩大，也是为了预防今后类似食物中毒的发生。食物中毒后的妥善处理是一项技术性和政策性很强的工作，处理原则一般包括以下几个方面（见表4–10）。

表4–10 食物中毒的处理

序号	处理方面	处理要求
1	人员的处理	对病人要采取紧急处理，并及时报告当地卫生行政部门，具体的处理包括以下几点。 （1）告知其他人员停止食用有毒食品 （2）采集病人呕吐、排泄物的标本，以备送检 （3）对病人进行急救治疗，主要包括急救（催吐、洗胃和灌肠）、对症治疗和特殊治疗
2	有毒食品的处理	有毒食品可能剩余很少，也可能很多，处理包括以下几点： （1）保护现场、封存有毒食品或疑似有毒食品 （2）及时对有毒食品进行无害化处理或销毁
3	中毒场所的处理	要根据不同的有毒食品，对中毒场所采取相应的消毒措施。处理主要包括以下几点。 （1）对接触过有毒食品的炊具、食具、容器、设备等，应予煮沸或蒸汽消毒，或用热碱水、0.2%～0.5%漂白粉溶液浸泡擦洗 （2）对病人的呕吐物场所用20%石灰乳或漂白粉溶液消毒 （3）对中毒环境现场，在必要时进行室内外彻底的卫生清理，以0.5%漂白粉溶液冲刷地面。属于化学性食物中毒的，对包装有毒化学物质的容器应销毁或改作非食用用具

2.处理步骤

（1）学生在用餐时，突发不明疾病、晕倒或出现其他不良症状，工作人员应立即上前将其扶到座位上并照看，同时迅速告知管理人员赶到现场。

（2）午托班工作人员在第一时间请一位同事陪同送往就近医院（或医务室）进行抢救，紧急情况要拨打“120”急救电话。

（3）若出现第二例（含两例）以上类似症状病人，应立即通知所有学生不要再食用。必要时拨打“120”急救电话，并通知食品卫生监督部门人员到场，配合调查处理。

（4）保存好食品的留样，以备相关部门化验检查。

相关知识：

太原市杏花岭区小饭桌食品安全管理办法

第一条　为加强对“小饭桌”的管理，保障学生饮食安全，维护学生身体健康，根据《中华人民共和国食品安全法》《中华人民共和国传染病防治法》和《中华人民共和国食品安全法实施条例》等相关法律法规，结合我区实际，制定本办法。

第二条　学生“小饭桌”是指由公民、法人或者其他组织开办的，以赢利为目的，为中、小学生提供用餐服务的相对固定场所。

第三条　杏花岭辖区内“小饭桌”所有经营者均适用本办法。

第四条　政府鼓励和保护社会团体和个人对“小饭桌”的社会监督。对违反本办法的行为，任何人都有权检举和控告。

第五条　政府相关部门的职责

（一）教育行政部门负责随时掌握本辖区“小饭桌”经营状况，并配合相关部门做好日常监督检查。同时，对学生进行食品安全、卫生防疫、消防知识的宣传教育。

（二）食品药品监督管理部门负责对取得餐饮服务许可证的“小饭桌”进行监督管理。

（三）工商行政管理部门依据有关法律对“小饭桌”进行监督管理。

（四）卫生行政部门负责综合协调，牵头组织查处“小饭桌”重大食品安全事故。

（五）公安、消防、交通、环保等部门依据相关法律法规对“小饭桌”的安全、消防和环保工作进行监督管理。

（六）对未取得餐饮服务许可证和营业执照从事“小饭桌”经营的，由卫生行政部门牵头，教育、食药监、工商、公安和街乡配合，进行整治和取缔。

第六条　“小饭桌”实行餐饮服务许可制度。开办“小饭桌”应向区食品药品监督管理部门申请餐饮服务许可证，取得餐饮服务许可证后，向工商行政管理部门申领营业执照，取得证照后方可从事“小饭桌”经营。

第七条　“小饭桌”的主办者必须与就餐者的家长签订食品安全保障协议，协议中要明确“小饭桌”主办者是食品安全的第一责任人。

第八条　“小饭桌”应建立相应的食品安全管理规章制度及岗位责任制，并在用餐场所公示，接受家长和社会的监督。

第九条　“小饭桌”要有独立场所，经营面积要与服务学生数量相适应，不能与家庭混用。要有相对独立的就餐、休息和食品加工区。应设置专用洗消间、粗加工间、库房等，或者厨房内设置相对独立的洗消、主食加工、副食品加工和食品冷冻、冷藏等区域。

第十条　厨房应当有上下水，地面应当使用耐磨防滑、不渗水、易于清洁的材料铺设，墙面瓷砖到顶，顶棚用防霉、防水材料覆盖，有抽油烟罩，窗户应有防蝇设施，配备固定洗碗池、洗菜池以及防腐、消毒设施，并设置存放废弃物的带盖垃圾桶。

第十一条　用于盛放原料、半成品、成品的工具、容器必须做到标志明显，生熟分开使用，用后洗净，保持清洁，定期消毒。

第十二条　学生实行分餐制，餐具每餐前必须经过清洁消毒，消毒后的餐具必须储存在餐（饮）具专用保洁柜内备用，已消毒和未消毒的餐（饮）具必须分开存放，保洁柜上应有明显标志，餐（饮）具保洁柜应当定期清洗，保持清洁。

未经消毒的餐（饮）具不得使用，严禁重复使用一次性餐具。

第十三条　食品必须当餐加工，不得使用隔餐的剩余食品，严禁提供未经烧熟煮透的食品。

第十四条　每餐的各种主副食必须分别取不少于100克的样品，留置于留样冰箱中保存48小时以上，并做好记录，以备查验。

第十五条　采购食品或食品原料要严格执行《餐饮业食品索证管理规定》，专人负责、定点采购，并做好采购记录和索证工作。

第十六条　不得制作冷荤凉菜，不得滥用食品添加剂。严禁向学生提供《食品安全法》第二十八条规定的食品。

第十七条　从业人员、管理人员必须掌握相关食品安全、公共场所卫生、传染病防治的基本知识。

第十八条　从业人员应积极参加食品安全法律、法规及相关知识培训，每年必须进行健康检查。新参加工作和临时参加工作的从业人员也必须进行健康检查，取得“健康合格证”后方可上岗。

凡患有痢疾、伤寒、病毒性肝炎等消化道疾病（包括病毒携带者），活动性肺结核，化脓性或渗病性皮肤病以及其他有碍食品、公共卫生疾病的人员，不得从事直接为学生服务的工作。

从业人员有咳嗽、腹泻、发热、呕吐得等病症时，应立即脱离工作岗位，经治愈后，方可重新上岗。

第十九条　从业人员应有良好的个人卫生习惯。必须做到：

（一）工作前、处理食品原料后、便后用肥皂及流动清水洗手；接触直接入口食品之前应洗手消毒；

（二）穿戴清洁的工作衣、帽，并把头发置于帽内；

（三）不得留长指甲，涂指甲油，戴戒指、手表等进行食品加工；

（四）不得在经营场所内吸烟；

（五）不得有面对食品打喷嚏、咳嗽以及其他有碍食品卫生的行为。

第二十条　“小饭桌”应建立食物中毒、食源性疾患或者其他突发事件的应急预案和处置机制。发生食物中毒或疑似食物中毒事故后，应立即采取以下措施：

（一）立即停止经营活动，并向区食品药品监督管理局和区卫生局报告；

（二）封存保留造成食物中毒或可能导致食物中毒的食品及其原料、工具、设备和现场；

（三）协助医疗机构救治病人；

（四）配合卫生行政部门进行调查，按卫生行政部门的要求如实提供有关材料和样品；

（五）落实相关部门要求的其他措施，把事态控制在最小范围。

第二十一条　发现传染病疫情立即向区疾控中心报告。

第二十二条　“小饭桌”每月对学生进行一次相关紧急情况下的疏散、自救、互救知识教育活动。

第二十三条　未取得餐饮服务许可证或伪造餐饮服务许可证从事“小饭桌”经营活动的，依据《食品安全法》第八十四条规定，予以处罚。

第二十四条　经营过程不符合食品安全要求的，依据《食品安全法》第八十六、八十七条规定予以处罚。

第二十五条　经营使用严禁经营使用食品的，依据《食品安全法》第八十五条规定，予以处罚。

第二十六条　从业人员未取得健康和培训合格证明而从事经营服务的，或对患有疾病不得从事直接为学生服务的从业人员，不按规定调离的，依据《食品安全法》第八十七条规定，予以处罚。

第二十七条　制售冷荤凉菜的或未留样品的，依据《食品安全法》第八十四条予以处罚。

第二十八条　经营不符合卫生标准的食品，并造成严重食物中毒事故的，依法追究当事人的刑事责任。

第二十九条　发现传染病疫情未及时报告的，依据《传染病防治法》处理。

第三十条　工商行政管理部门依据有关法律法规对“小饭桌”相关违法行为进行查处。

第三十一条　当事人对行政处罚不服的，可依法申请行政复议或提起行政诉讼，当事人逾期不申请复议也不向人民法院起诉，又不履行处罚决定的，做出处罚决定的机关可以申请人民法院强制执行。

第三十二条　“小饭桌”实行星级管理制度。分为一星级（一般）、二星级（较好）和三星级（示范）。具体管理标准由食品药品监督管理部门制定。

第三十三条　教育部门会同食品药品监管部门，在每学年初公示全区小饭桌经营和星级管理情况，引导学生进驻规范的小饭桌。

第三十四条　食药监管、工商行政等部门违反规定，为不符合条件的“小饭桌”发放餐饮服务许可证或营业执照的，追究单位和有关人员的责任。

第三十五条　本办法由区食品药品监督管理局负责解释。

第三十六条　本办法自印发之日起实行。

本章习题：

1. 急救药箱须配置哪些药物？
2. 午托班从业人员可从哪些方面预防厨房火灾的发生？
3. 发生火灾时，应采取哪些应急处理措施？
4. 简述灭火器的使用方法。
5. 如何控制采购食品的安全？
6. 灶台用具的清洁要经过哪几个过程？
7. 简述午托班餐具的洗涤步骤。
8. 引发食物中毒因素有哪些？
9. 预防食物中毒应采取哪些措施？
10. 食物中毒的处理应遵循哪些原则？
11. 简述食物中毒的处理步骤。

第五章

与家长的沟通管理

本章学习目标：

1. 了解与家长沟通的内容。
2. 掌握与家长沟通的技巧。
3. 熟知与家长沟通的方式。
4. 熟知与家长沟通应记录的内容。

第一节　与家长沟通的方式和技巧

午托班的管理者需要与家长做好沟通，使家长了解孩子在午托班的学习、饮食及睡眠状况。加强双方的了解，共同关注孩子。

一、与家长沟通的内容

与家长沟通的内容有许多，主要有以下几方面：

（一）孩子的作业情况

（1）作业的速度。

（2）作业的质量。

（3）握笔的姿势。

（4）写字的姿势。

（二）孩子的饮食情况

孩子的饮食情况包括吃得够不够、挑不挑食、喜欢吃什么等。

（三）孩子的睡眠状况

孩子睡觉爱打鼾，要提醒家长，孩子是不是扁桃体或腺样体肥大。孩子长期打鼾不利于身体的成长，最好带孩子去医院检查。

孩子睡觉时吵闹，要与家长沟通，请其配合教育。

（四）其他情况

（1）孩子在午托班与其他的孩子斗嘴、动手打人、不小心摔伤了等都可以与家长沟通。

（2）天气凉了，发现学生穿的衣服不够，有感冒的迹象，也可以提醒家长早上注意给孩子添加衣服。

（3）孩子的情绪变化，从一个热情如火的小姑娘突然变得冷漠、烦躁，甚至偷偷哭泣，肯定是有原因的。如果发现了，要及时与家长进行沟通，共同帮助和引导孩子解决问题。

二、与家长沟通的时机和方式

与家长沟通其实花的时间不必太多，可以在他们来接孩子的时候，顺便聊几句。这样显得自然，关系容易拉近。也可以通过电话、短信沟通。

三、与家长沟通的技巧

（一）掌握沟通的谈话技巧

1.谈话内容

谈话内容要始终集中在学生身上，询问孩子在家的情况。为缓和气氛，在正式谈话开始前，可向家长关切地询问学生的生活情况，如：孩子每天什么时候睡觉、什么时候起床、平时喜欢玩什么、遇到问题一般愿意跟谁说等。交谈时多使用诸如“咱们的孩子……咱们班的孩子……”的口吻，会让家长备感亲切。

2.谈话方式

（1）倾听。不要随便打断家长说话，乐于倾听，家长就更愿意交流。如果谈话始终是以自己为中心，家长可能会厌烦。

（2）提问。交流时可多用开放式的提问，如“为什么”“怎么样”等，尽量少用“是不是”“对不对”等封闭式的提问。

（3）人称表述。尽可能以第一人称“我”表达要说的内容，减少用“你”提出要求。如：“你的孩子最近经常迟到，我担心他会错过很多非常好的活动”，而不是说“别让你的孩子再迟到了，他会错过很多非常好的活动”。

（4）总结。交谈一段时间后可略作总结，如：“您的意思是……”“您刚才说的话我是这样理解的，您看对吗？”等，以表示理解和认同。

3.谈话中须注意的问题

在与家长进行沟通时，要注意以下事项，见表5-1。

表5-1　　与家长进行沟通时的注意事项

序号	不同类型的家长	沟通的注意事项
1	性格直爽的家长	可直接进入正题，指出孩子近来的进步与存在的问题，并一起商量对策
2	不太熟悉的家长	开始可以通过拉家常了解其性格，以便有针对性地开展谈话
3	脾气急躁、虚荣心强的家长	应多提孩子的长处，并委婉地指出孩子的缺点
4	谦虚、诚恳的家长	可直接说出孩子近来出现的问题，并商量对策
5	不太关心孩子的家长	应直接指出问题的严重性
6	宠爱、放任孩子的家长	应宣传科学的育儿知识，并详细分析孩子在集体生活中的表现，使家长明白溺爱孩子的不良后果

4.做好学生状况记录

对学生的吃饭、睡觉、大小便、情绪状况等进行记录（见表5-2）。并注明：希望家长看后能谈谈自己的想法，也可以用便条的形式，拿到班级交流。

表5-2　　午托班学生状况记录表

序号	学生姓名	学生所属学校	吃饭状况	睡觉状况	情绪状况	学习状况	与同学相处情况	学生家长的看法

（二）巧妙面对特殊的家长

面对特殊的家长时，可采取以下策略：

1.对待家长的不满、抱怨，甚至愤怒，应真诚沟通

（1）想一想自己是否真的错了。如果确实是自己不对，要诚恳地道歉。要始终尊重家长，家长的嗓门越大，自己讲话的声调越要平和，速度越要慢。

（2）向家长询问一些可以自由回答的问题，如："这是如何发生的？""如果您是我，应该怎样做才好呢？"尽量不要反问，否则会让家长反感，如："为什么别的家长没意见？""为什么你要我这样做？"

2.让家长将不满、抱怨甚至愤怒发泄出来

（1）如果家长的言辞带有侮辱性，可暂时找个借口回避，以后再谈。

（2）一些工作人员听到家长的指责和抱怨，往往会本能地为自己辩护，这样只会激化矛盾。如：应把"不可能……""我绝对没有说过那种话"等辩解词换成"别着急，我查查看……""让我们看看这件事该怎么解决……""您放心，我一定给您满意的答复"等。不能因为家长的过激情绪迁怒学生，而是应更加关爱学生，这样做的效果远胜于表白。

【案例】

与家长巧妙沟通　化怒为理解

一位家长发现孩子被同伴打了之后十分气愤，要求午托班给一个说法。午托班工作人员首先承认了自己的工作失误并表示深深的歉意，接着全面介绍了孩子的情况。使家长感到他的孩子是受老师和小朋友关爱的，发生这次事件纯属偶然之后，午托班工作人员保证今后将尽力避免发生类似事情，还表示接受建议，希望家长今后对自己的工作多提意见。这位家长面对态度诚恳的午托班工作人员，很快化解了心中的怒气。

从这个例子可以看出，如果午托班工作人员能认真分析家长的意见，理解家长的正当发泄，接纳家长的合理建议，完全可以转变家长的态度，得到理解和支持。

（三）尽心做好家长工作

（1）定期向家长公布学生午托班饮食、安全卫生方面的状况。

（2）重视个别访谈（电话访谈、家访）。个别交流不仅能增进相互了解，也使家长和午托班工作人员更容易沟通，更清晰地了解学生，进行有针对性的管理。

（3）每周一次向家长汇报孩子的进步和存在的问题，使彼此增进了解。

（4）让家长参与管理工作，真正发挥家长对午托班教育的监督、支持作用。增强家长对午托班的信任感，使家庭成为午托班的宣传窗口，从而提高午托班的社会声誉。

第二节　与家长沟通的记录管理

一、记录的重要性

通过记录与学生家长的沟通内容，可以适时地掌握学生的具体情况，有针对性地对学生及其家长做有效沟通，也可以使以后的工作做到有据可查。

二、与家长沟通的记录内容

午托班管理者或老师在与学生家长进行沟通时，应适时记录下沟通的内容。谈话记录主要包括以下内容：

（1）家长的姓名、性别、学历、职业。

（2）学生的姓名、班级、性别、年龄。

（3）家长自述。

（4）初步分析。

（5）沟通过程。

（6）沟通效果。

（7）预约下次沟通时间。

（8）沟通感悟。

（9）备注。

以下提供范本作为参考。

【范本 26】

与家长沟通的记录

_____年_____月_____日自_____时_____分开始，_____时_____分结束

家长姓名		性别		学历		职业	
学生姓名		班级		性别		年龄	
家长自述：							
初步分析：							
沟通过程：							
沟通效果：							
预约下次沟通时间： _____年_____月_____日自_____时_____分开始，_____时_____分结束							
沟通感悟：							
备注：							

咨询员：__________

本章习题：

1. 与家长沟通的内容有哪些？

2. 与家长沟通应掌握哪些技巧？

3. 与家长沟通时应注意哪些事项？

4. 如何巧妙面对特殊的家长？

5. 如何做好家长工作？

6. 与家长沟通时，应记录哪些谈话内容？

第六章

午托班管理制度

本章学习目标：

1. 了解午托班卫生管理制度内容。
2. 了解午托班消防安全管理制度内容。
3. 了解午托班厨房管理制度内容。
4. 了解午托班午休管理制度内容。
5. 了解学生接送管理制度内容。
6. 了解午托班班车管理制度内容。

第一节　午托班卫生、消防安全管理制度

一、午托班卫生管理制度

卫生是午托班管理的重要环节，午托班应制定相应制度对工作人员、学生加以管理。午托班的卫生管理制度一般包括以下内容：

（1）制定该制度的目的。

（2）午托班室内空气要求。

（3）午托班室内卫生清洁要求。

（4）午托班用餐卫生要求。

（5）午托班午休卫生要求。

（6）午托班学生生病的卫生要求。

（7）午托班从业人员的卫生要求。

以下提供范本作为参考。

【范本27】

×× 午托班学习区、生活区卫生管理制度

为了加强××午托班的卫生管理力度，确保学生的健康，提升午托班的声誉，特制定本制度。

××午托班安排值班人员负责每天的卫生工作，具体要求如下：

1.每天早上7:30—9:30开窗通风30分钟，下午3:00开窗通风30分钟。以确保室内空气清新。

2.每天值日人员打扫地面、擦拭桌面，确保桌面无尘，地上无脏物。

3.学生每天的餐桌、餐具等必要物品，要做到用后消毒30分钟以上，时刻保持卫生、干净。

4.感冒流行期间，应采用各种有效措施预防学生感冒。每天每个房间应用紫外线消毒30分钟。

5.老师及工作人员要保证自身身体健康。如发生感冒等病症要及时报告，休假回避，

以防止传染。

【范本 28】

××午托班卫生管理制度

为加强××午托班的卫生管理，规范午托班的加工经营行为，保护学生身体健康，根据《食品卫生法》《传染病防治法》《学生集体用餐食品卫生监督管理办法》《午托班食堂与学生集体用餐卫生管理规定》等相关法律法规，结合××午托班实际，特制定本制度。

一、从业人员卫生要求

1.午托班从业人员必须经过卫生部门的健康体检、食品卫生知识培训合格后方可上岗。

2.上岗时穿戴干净整洁的工作衣帽。

二、卫生设施要求

1.加工经营面积要与就餐学生人数相匹配，厨房面积不得小于8平方米，每名学生用地不得小于2平方米，不能与家庭混用。

2.有相对独立的食品粗加工、洗涤和就餐、休息、学习的功能区。

3.厨房要求

（1）上下水通畅。

（2）地面应使用耐磨、防滑、不渗水、易清洗的材料铺设。

（3）墙面瓷砖到顶，有抽油烟机。

（4）窗户为一玻一纱。

（5）洗涤池不得少于2个（1个洗碗，1个洗菜）。

（6）冰箱、消毒柜各1台，食品柜数个。

三、冰箱存放食品要求

要做到生熟分开，不得混放，或与家庭混用。

四、盛放生、熟食品的容器要求

要有明显标志，严格分开，不得混用。盛装熟食的容器，在使用前应消毒。

五、学生用餐卫生要求

1.实行分餐制。

2.每次用餐前，餐具必须经过清洗、消毒，合格才能使用。

3.加工好的食物，要有防蝇设施。

六、供餐的原辅料卫生要求

1.要从正规渠道采购，并索取卫生检验合格证，建立食品台账记录。

2.严禁使用不符合卫生标准或卫生要求的原辅料。

3. 严禁提供隔餐食品、未经加热的食品及冷荤食品、四季豆、野生菌等容易导致食物中毒的食物。

七、就餐环境卫生要求

1. 干净，整洁，采光、通风良好。

2. 设置能满足就餐需要的流水洗手设施。

八、午休环境卫生要求

1. 中午休息场所应配有机械通风、换气设施及空气消毒设施。

2. 床上用品专人使用，并每周进行清洗消毒。

九、实行卫生监督管理制度

××午托班符合环保、消防安全等有关法律法规的要求。接受卫生部门的卫生监督和教育主管部门的行政管理。

相关知识：

午托班学生四季传染疾病预防

一般来说，午托班应每一个季度为所有学生进行一次体检。体检项目包括：身高、体重、头围、胸围、视力等发育状况的测量；口腔牙齿、血常规的健康检查。从检查结果来看学生的生长发育是否达标、健康状况是否良好。

常见的传染病包括：普通感冒、流行性感冒、麻疹、水痘、结膜炎、风疹、腮腺炎、手足口病、秋季腹泻等。午托班应做好学生四季传染病的预防工作，以下提供几种传染病的预防技巧作为参考。

一、手足口病

1.主要症状

手足口病主要临床症状是发热和手、足、口腔等部位出现皮疹或疱疹等，少数患儿可引起心肌炎、肺水肿等并发症，个别重症患儿如果病情发展快，可导致死亡。

该病流行期间，患者是主要传染源，多为5岁以下儿童。传播途径主要是通过人群间的密切接触进行，如：空气飞沫；被患者唾液、粪便污染的手、毛巾、玩具等。

2.预防技巧

做好学生个人和午托班的卫生是预防本病的关键。具体可参考以下技巧：

（1）学生要养成良好的卫生习惯，如：饭前便后洗手、不喝生水、不吃生冷食物。

（2）午托班要注意保持环境卫生，居室、教室等场所要保持良好通风。

（3）午托班的玩具、个人卫生用具、餐具等物品要经常进行清洗、消毒。

（4）利用宣传栏或告家长书及时向家长宣传卫生保健常识，让家长及时了解卫生保健知识。

家长或教师如果发现学生出现手足口病症状，不必惊慌，尽早带学生去医院检查治疗，及时采取相应的控制措施。

二、结膜炎（俗称“红眼病”）

1.主要症状

结膜炎是由细菌或病毒感染引起的一种传染性很强的疾病。此病主要临床症状是双眼先后发病，发病后眼睛会出现发红、肿胀、发痒、怕光、流泪、眼屎多等症状。如果是由病毒感染的结膜炎，症状更明显：结膜大量出血、前淋巴结肿大并有压痛、视力稍有模糊。

结膜炎主要通过接触传染，患儿如果经常用手擦眼睛，导致细菌或病毒感染后便会致病。接触了结膜炎患者的眼睛分泌物或用过的毛巾等被污染的物品也会受到传染，可在几小时后或1～2天内发病。

2.预防技巧

加强预防是防止学生患结膜炎的根本途径。具体可参考以下技巧：

（1）教育学生注意个人卫生，如：不用脏手揉眼睛；饭前便后要洗手；勤剪指甲；眼屎多时，要用干净纸巾或纱布擦拭。

（2）疾病流行季节，午托班应提醒家长尽量不带或少带学生去人口密集的公共场所，避免接触结膜炎患者。

（3）做到学生餐具饮具每餐消毒，早晚用84消毒液擦拭桌椅，定时开窗通风，对活动室、卧室进行紫外线消毒。

（4）利用宣传栏或告家长书及时向家长宣传卫生保健常识，让家长及时了解卫生保健知识。

如果学生不慎感染结膜炎，应进行适当隔离治疗，以免疾病蔓延。患儿使用过的毛巾和脸盆要经过煮沸消毒，晒干后再用，并为患儿准备专用的洗脸用具。疾病发生后，要及时通知家长带学生去医院进行治疗。

三、麻疹

1.主要症状

麻疹是由麻疹病毒引起的一种传染性很强、并发症较多的急性呼吸道传染病。此病主要临床症状是发热、上呼吸道炎、结膜炎等，尤以皮肤出现红色斑丘疹为主要特征。

此病以呼吸道为传染途径，麻疹患儿的口、鼻、眼部黏膜的分泌物都带有病毒，可通过空气飞沫传播给他人。易感儿即使接触病毒时间较短，也有可能被传染。多于冬、春季节发病，在6个月到5岁的儿童中发病率最高。

2.预防技巧

预防麻疹最有效的措施是为小儿接种麻疹疫苗。具体可参考以下技巧：

（1）午托班管理者应注意在气候变化较大时，为学生及时增减衣服，避免感冒。

（2）为学生增加必要的营养，让学生多吃蔬菜、水果，以增强身体的抵抗力。

（3）在麻疹流行期间，提醒家长让未患病的学生尽量少去公共场所。

（4）做到学生餐具饮具每餐消毒，早晚用84消毒液擦拭桌椅，定时开窗通风，对活动室、卧室进行紫外线消毒。

（5）利用宣传栏或告家长书及时向家长宣传卫生保健常识，让家长及时了解卫生保健知识。

年龄在8个月以上的易感儿，都应按程序接种麻疹疫苗。接种后12

天，大都能产生完全免疫的效果。即使发病，病情也较轻微。如果学生与麻疹患儿接触，则应立即检查是否被传染。

四、腮腺炎（俗称“痄腮”）

1.主要症状

腮腺炎是由腮腺炎病毒侵犯腮腺引起的急性呼吸道传染病。此病主要临床症状是一侧或两侧耳垂下肿大，肿大的腮腺常呈半球形，以耳垂为中心边缘不清，表面发热有绞痛，张口或咀嚼时局部感到疼痛。在发病初期的3～5天，患者可能会有发热、乏力、不愿吃东西等全身症状。

腮腺炎患者是此病的主要传染源，飞沫的吸入是主要传播途径，可因说话、咳嗽、打喷嚏而通过飞沫进行传播，少数也可通过被患者污染的物品（食物、食具或玩具）间接传染。多发生于3岁以上儿童和青少年。此病一年四季均可发生，冬、春季节发病率最高。

2.预防技巧

注射腮腺炎疫苗是一种行之有效的预防措施。具体可参考以下技巧：

（1）居室、教室应每天定时开窗通风，保持空气清新。

（2）让学生养成良好的生活卫生习惯。

（3）让学生合理饮食，加强营养，多吃蔬菜、水果。

（4）适时增减衣物，积极开展体育运动，以提高身体抵抗力。

（5）做到学生餐具饮具每餐消毒，早晚用84消毒液擦拭桌椅，定时开窗通风，对活动室、卧室进行紫外线消毒。

（6）利用宣传栏或告家长书及时向家长宣传卫生保健常识，让家长及时了解卫生保健知识。

由于腮腺炎病毒可侵犯各种腺组织和神经系统及肝、肾、心、关节等几乎所有的器官，常会引起脑膜炎、睾丸炎、胰腺炎、乳腺炎、卵巢炎等症状，因此，早发现早治疗十分重要。如果学生患了腮腺炎，则应立即隔离治疗，以免传染给其他学生。

五、秋季腹泻

1.主要症状

秋季腹泻是一种轮状病毒（因其外形酷似车轮而得名）所引起的急性肠炎。该病主要症状是流涕、咳嗽、发热、咽部疼痛等感冒症状，大便每日数次，且伴有呕吐、腹痛。

此病主要发生在2~5岁的儿童，发病季节多在9—11月份。轮状病毒是引起婴幼儿急性腹泻的主要病原体。

由于频繁腹泻与呕吐，食欲又低下，患儿容易出现不同程度的脱水现象，严重者会出现电解质紊乱，更甚者还会合并脑炎、肠出血、肠套叠或心肌炎而危及生命。

2.预防技巧

具体可参考以下技巧：

（1）注意调节饮食结构，鼓励学生多吃蔬菜和水果。

（2）注意饮食卫生和个人卫生，让学生养成饭前便后洗手的好习惯。教育学生不要在流动摊贩、卫生条件不好的饭馆吃饭。

（3）根据气候变化，及时增减衣服。

（4）注意居室、教室通风，保持空气新鲜。

（5）要加强学生的身体锻炼，以增强抵御疾病的能力。

学生出现腹泻时，午托班应及时通知家长带其去医院治疗，尤其是感染性腹泻，要把腹泻的损害降到最低。同时避免营养不良、多种维生素缺乏及多种感染等并发症的发生。

二、午托班安全管理制度

午托班的安全管理制度，主要包括常规的安全与专门的消防安全两大类。以下提供范本作为参考。

【范本29】

××午托班安全管理制度

为了营造××午托班的良好环境，特制定本制度。请各相关人员做好宣传工作，本制度从____年___月___日起执行。

一、学生要求

1.放学后自觉回到午餐地点，不得擅自离开或去其他地方。在来回路上不准奔跑，要注意安全。

2.不准购买、自带零食。发现零食一律没收。凡被记录超过3次的，午托班将约谈家长（请家长提供联系方式）。

3.爱护一切物品。不准触摸插头、风扇和其他电器，以免触电。

4.午餐要求

（1）午餐前必须清洗双手，排队取餐。

（2）吃饭时保持安静，有问题先举手，等待老师来处理。

（3）饭后主动将餐具放回分类篮筐，不得随意丢弃餐具。被发现超过3次的，午托班将约谈家长。

（4）饭菜不得随意倒掉，要珍惜粮食。

5.同学之间要团结友爱、互相帮助，不能吵架、打架或随意发出怪声。

6.午休要求

（1）午休时间不准说话，上厕所要轻手轻脚，以免影响其他同学。

（2）午休起来吃水果，果皮不能乱丢。

（3）按时回教室，上、下楼梯轻步靠右走，不准大声说话。

二、管理人员要求

1.早上10:30上班，11:00前进行必要的清洁工作，11:00后午托班正式运行。如果有学生到来必须安排好休息。

2.建立登记制度

（1）对违反规定和突发事件进行登记记录，并及时做出迅速有效的反应动作。

（2）如遇突发事故，则必须先保护好现场。

（3）如果无法当场解决，则应尽快联系管理者或家长。

3.做好收费与核对工作。款项当月结清，杜绝出现私用收费款项的情况。

4.下午2:00后，做好必要的清洁、消毒工作。3:30后方能离开午托班。

5.午托管理人员必须持健康证与卫生培训证上岗。

三、家长要求

1.家长不得随意参观午托班，午托班每学期将不定期举行“午托开放日”。

2.家长如果发现午托班管理问题，应及时联系午托班管理者，不得擅自到午托班处理。

3.午托班缴费时间为每月___日至次月___日，请家长于工作日上午11:00以后，到午托班财务处缴纳费用，并领取收据。

4.为保障学生午托安全，家长必须提供有效的联系方式，并保证午休时间能够正常联系。午托事宜，午托班只通过电话方式联系家长，请不要相信任何短信消息。

【范本30】

××午托班消防安全管理制度

为了加强××午托班的消防安全管理，确保××午托班学生及从业人员的人身安全，特制定本制度。

一、消防器材要求

1.根据灭火的需要配置相应种类、数量的消防器材和设备设施。

2.校内承包单位所需的灭火器材，由该单位出资，并按照防火安全办公室的要求统一配备、更换、维修。

3.消防设施、器材的配备、使用及更换，必须符合防火部位物品的性质，必须符合消防安全技术规范的要求。

4.消防器材应置于通风、干燥、便于取用的位置，并设有明显的指示标志。

5.消防器材要定期保养、检修、更换；要建立健全消防设施、器材档案，及时记录消防设施、器材的配备、使用、更换、检修等情况。

6.任何单位或个人不得损伤或擅自移动、拆卸、挪用消防设施、消防器材和消防标志，不得埋压、圈占消防水源，不得占用防火间距，不得堵塞消防通道。特殊情况须报午托班管理者批准后方可变动。

二、防火要求

1.防火组织健全并积极开展工作，消防安全制度和措施得到有效落实，消防设施、器材保管完好。及时发现和消除火险隐患，避免火灾事故发生。

2.接受消防技能训练，参加灭火演练，了解和掌握灭火器的使用方法和发生火灾时的处置方法，能够迅速扑灭初期火灾或采取有效措施控制火情。

3.经常进行防火安全检查，及时消除火险隐患。

4.不准乱拉临时电线，经常宣传安全用电知识。严格执行操作规程和技术规范，定期进行检查，发现问题及时解决。

5.在启动电脑、空调等设备时，先检查线路、插头的安全情况；使用结束时，要切断电源。

6.管理人员要学习、掌握有关的消防知识，会正确使用灭火器，会报警。

三、灭火要求

1.午托班管理者是午托班消防工作的第一责任人。一旦发生火灾，在午托班的现场内，午托班管理者为总指挥，负责组织灭火抢救工作。

2.在教室里，一旦发生火灾，在场的任课老师为第一责任人，负责组织灭火抢救工作。

3.发生火灾后要及时报警并组织扑救，协助疏散人员、物品。

4.保护现场，及时向有关部门汇报。

第二节 午托班厨房、午餐、午休管理制度

一、午托班厨房管理制度

厨房是午托班为学生制作饮食的地方，也是相关部门的检查重点，所以有必要制定规范化的制度来加以管理。午托班的厨房管理制度主要包括以下内容：

（1）制定该制度的目的。

（2）午托班从业人员要求。

（3）午托班的环境要求。

（4）午托班的食品采购、烹饪、储存要求。

（5）午托班学生及从业人员的餐具消毒要求。

（6）午托班学生营养餐要求。

（7）午托班学生就餐时间及秩序要求。

以下提供范本作为参考。

【范本31】

××午托班厨房管理制度

为了加强××午托班的厨房管理，确保××午托班学生及从业人员的饮食卫生及身体的健康，特制定本制度。

一、人员要求

1.所有从业人员每年体检一次，要有健康证。

2.从业人员应有良好的个人卫生习惯，必须做到工作前洗手消毒、不留长指甲、不戴戒指、不吸烟。

3.工作人员出现咳嗽、腹泻、发热、呕吐病症时，应立即脱离工作岗位。

二、场所要求

1.注意工作场所的通风换气。

2.工作完毕，不留卫生死角。

3.每天四次小扫除，每周两次大扫除。

三、采购要求

1.“五不买”：不新鲜的不买、不卫生的不买、不放心的不买、夏秋季节易中毒的蔬菜不买、非正规厂家及商场的不买。

2.所有主食类商品要有食品合格证，或开具发票。

四、烹饪要求

1.未清洗干净的不烹饪。

2.营养搭配不合理的不烹饪。

3.超过保质期的材料不烹饪。

4.厨房卫生不合要求的不烹饪。

五、储藏要求

1.生鲜肉类随时放在保鲜盒中并放进冰箱冷冻。

2.易变质蔬菜及时放进冰箱冷藏。存放在储藏室的蔬菜分类科学、摆放整齐，既通风又避光。

3.冰箱及其他储存蔬菜食品场所及食品器具，应做到每天清洁、每周清理、内外无污垢。

六、餐具要求

用餐后及时清理餐具，严格做到一洗、二刷、三冲、四消毒。

七、营养要求

1.加强伙食管理，丰富食谱，注意营养搭配。

2.开出每周菜单，并提高业务水平，不断更新花样，每周保持餐餐不重样。

3.每天都必须配备适量水果或干果。

二、午托班午餐管理制度

午餐是午托班最忙、最乱的时候，如果没有规范的管理制度，就餐程序就会混乱。午托班的午餐管理制度一般包括以下内容：

（1）制定该制度的目的。

（2）午托班午餐秩序要求。

（3）午托班午餐节约要求。

（4）午托班午餐卫生要求。

以下提供范本作为参考。

【范本 32】

×× 午托班午餐管理制度

为了加强××午托班的午餐管理，确保××午托班学生及从业人员的饮食卫生及身体健康、就餐的顺利进行，特制定本制度。

一、秩序

1.工作人员必须引导学生就餐前洗手、排队、保持安静，领取自己的午餐就位。

2.就餐时保持安静，不许交头接耳，不许随意走动；轻放餐具，不得有响声。

二、节约

1.不准浪费粮食，学生不能把未吃完的饭菜、汤、水果随意倒掉。

2.没吃饱的同学可以再打饭，让学生一定要吃好、吃饱，有利于学生的身体健康。

三、卫生

1.工作人员要引导学生，讲究卫生；保持饭桌、地面清洁；不随地乱丢剩菜、剩饭、纸屑、果皮，不随地吐痰。

2.饭后引导学生到卫生间漱口，清洁口腔、牙齿。

三、午托班午休管理制度

午托班的午休管理制度主要包括以下内容：

（1）制定该制度的目的。

（2）午托班学生午休的准备工作管理。

（3）午托班学生进入午休的管理。

（4）午托班学生午休过程的管理。

（5）午托班学生起床的管理。

以下提供范本作为参考。

【范本 33】

×× 午托班午休管理制度

为了加强××午托班的午休管理，确保××午托班学生身体的健康发育，确保学生下午回学校上课的高效率及午休的顺利进行，特制定本制度。

一、准备工作的管理

1.为了统一安排、统一行动，在进入休息室前，全体学生要先上厕所。

2.进入休息室到起床时间内，不允许学生以各种借口随意走动或离开休息室，以免影响其他同学的休息。

二、进入午休的管理

1.进入休息室前必须把鞋子摆放整齐。

2.由工作人员引导学生按顺序进入男生宿舍或女生宿舍，每位学生安排一个固定的铺位。

3.没有特殊情况，不得随意更换铺位。

三、午休过程的管理

1.午休过程必须有工作人员在场看护并管理。

2.进入休息室的学生应闭上双眼躺卧，除了休息睡觉外，不得做其他任何事。如：做作业、画画、看书、聊天、打电话、发短信、玩游戏等。

3.没有特殊情况，不得随意坐起、起立或离开铺位。

四、起床的管理

1.工作人员要在规定的时间准时唤醒学生。

2.引导学生整理好自己的床单，叠好被子，然后有秩序地离开休息室。

【范本34】

××午托班休息室管理制度

对学生休息室进行控制，确保学生休息环境的整洁、宁静与安全，让学生学习精力充沛，特制定本制度。

一、睡眠环境上的准备

1.保持新鲜流通的空气

每天早上7:30开窗；11:00关窗，并将窗帘拉上，保持较暗的光线。

2.保持适当的温度

（1）冬季可提前1小时关窗，也可使用电暖气（11:00开，12:00关）。

（2）夏天可开窗通风，注意避免空气对流。

3.保持暗光与安静的环境

应挂窗帘保持较暗的光线，在学生午睡期间任何人员不得在卧室附近大声喧哗。

4.学生睡眠心理的准备

午托班从业人员不应在睡前批评恐吓学生，也不得给学生讲激烈的易引起悬念的故事，也不能以睡眠为条件向学生许诺。

二、对个别学生进行指导

对脱衣动作慢、体弱多病的学生，应让他们提前进入休息室。

三、睡眠的组织与管理

1.培养学生良好的睡眠习惯，睡前衣物要叠放在固定的地方。

2.养成学生按时睡眠、按时起床的好习惯

（1）中午12:00午睡，下午2:30起床（午托班可根据学生情况调整时间）。

（2）起床时可以放音乐，让学生听音乐起床，所选音乐应是柔和的、适合学生年龄特点的。

3.培养学生正确的睡姿

引导学生不趴卧、不跪卧，不蒙头睡觉，鼓励学生侧卧或仰卧。

4.仔细观察，及时发现异常情况

（1）注意学生的被子是否盖好、睡姿是否正确。

（2）及早发现突发疾病及时诊治。

（3）应允许学生随时上厕所。

（4）值班老师不得私自离开学生，应巡回检查。

四、起床管理

1.指导学生穿衣叠被。

2.晒被、洗被

（1）学生被褥应半年晒一次。

（2）每月月底最后一周星期五由家长把被套、床单、枕套带回家清洗，于下周一带回午托班，并且铺好。

3.开窗通风。

4.每天下午学生离开午托班后，必须用紫外线灯消毒40分钟。紫外线消毒时应无人在场，并且把所有窗帘拉起来。

第三节　午托班教师及学生接送、班车管理制度

一、午托班教师管理制度

制定午托班教师管理制度目的在于对午托班教师进行规范管理，该制度主要

包括以下内容：

(1) 制定该制度的目的。

(2) 午托班教师的工作时间要求。

(3) 午托班教师的工资要求。

(4) 午托班教师的午餐要求。

(5) 午托班教师的午休要求。

(6) 午托班教师的教学要求。

(7) 午托班教师的纪律要求。

以下提供范本作为参考。

【范本35】

××午托班午托教师管理制度

为了加强××午托班的教师管理，确保××午托班教师的教学质量提高，确保学生的学习、午休高质量地进行，特制定本制度。

一、工作时间要求

午托时间为每日上午放学后到下午上学前。如果周末无午托学生，则周末暂不工作。

二、工资要求

工资为每月________元，包午餐。

三、工作要求

1. 午餐管理

（1）开饭前，组织学生洗好碗，排队默背学生誓词。

（2）盛饭次序为先低年级后高年级，先女生后男生。

（3）围桌而坐，吃饭时不要让学生讲话，保持安静，以免学生噎着。

（4）饭后打扫餐厅卫生。

2. 午休管理

（1）12:30必须让学生午休。不睡觉者罚背学长语录。

（2）学生午休时间为12:30—13:40。

（3）13:40让学生起床，叠被、打扫宿舍卫生、吃水果。

3. 学习管理

（1）学生的学习时间为13:40—14:40。

（2）组织学生做作业、复习、预习。

（3）完成学习任务的学生，可通过音乐、体育、影视加强心理健康教育。

（4）对不遵守纪律的学生，要进行教育。

【范本36】

××午托班生活教师管理制度

为了加强××午托班的教师管理，确保××午托班教师的教学质量提高，确保学生的学习、午休高质量地进行，特制定本制度。

一、教师的仪表要求

1.要以身作则，做到语言文明、衣着得体、举止大方。

2.言传身教，做学生的表率。

二、教师的知识要求

虚心学习，掌握必要的《教育法》《心理学》知识，不断提高自己的组织能力、管理水平。

三、教师的纪律要求

1.服从午托班管理者的工作安排。

2.上班时间不迟到、不早退，有事向午托班管理者请假。

3.工作认真负责，积极主动。

四、午餐、午休的管理要求

1.关心热爱学生。

2.组织学生吃饭、休息时，要认真检查学生人数，防止学生出走。

3.不打骂学生，不体罚或变相体罚学生。

4.遇突发事件及时处理，并向午托班管理者反映情况。

5.要关心调皮生，想方设法做好他们的思想工作，转变学生的思想，培养学生良好的午餐、午休习惯。

6.注意安全

（1）教师组织午休时，学生上下楼梯要排队，不准让学生追逐打闹。

（2）教师离开午休室时，要关好门窗和电气设备。

（3）教师要学会使用消防设备，以应付意外事故的发生。

7.卫生要求

（1）讲究个人卫生，替学生分发食物前要洗手。

（2）定期为学生洗刷午休的生活用品。

（3）保持午休室空气清新、环境卫生、生活用品摆放整齐。

五、其他要求

1.要爱护午托班公物

（1）教师宿舍的桌椅、学生午托休息室的设备等都是午托班公物，要保护，不准故意损坏。

（2）损坏公物照价赔偿。

2.同事关系要求

（1）同事之间要团结合作，有良好的集体观念。

（2）在分管好自己班级工作的同时，要互相帮助、互相学习。

二、午托班学生接送管理制度

学生接送管理制度主要包括以下内容：

（1）制定该制度的目的。

（2）午托班学生接送的时间要求。

（3）午托班学生接送的记录要求。

（4）午托班学生接送的安全要求。

以下提供范本作为参考。

【范本37】

××午托班学生接送管理制度

为了加强××午托班的学生接送管理，确保××午托班每一位学生的人身安全，保证接送工作的顺利进行，特制定本制度。

一、准时要求

接送人员必须在学生放学前45分钟，携带托管学生联系表，到校门口指定地点等候学生。

二、准确要求

1.接送人员必须认真清点人数并做记录。

2.发现缺席时，应及时与家长或午托班确认情况。

三、安全要求

1.每次至少有两名接送人员，并视人数的变化再增派接送人员，确保途中安全。

2.专车接送人员必须严格要求学生乘车往返，不得让学生擅自出走。

3.接学生时，要监督学生全部进入午托班。

4.送学生回学校时，要督促学生全部进入校门。

四、可靠要求

不得随意更换接送人员。如有需要须提前通知学生，以防止不法人员冒充本午托班人员接走学生。

三、午托班班车管理制度

午托班的班车管理制度主要包括以下内容：

（1）制定该制度的目的。

（2）午托班跟车老师的要求。

（3）午托班班车司机的要求。

（4）午托班班车的安全要求。

以下提供范本作为参考。

【范本38】

××午托班班车管理制度

为规范班车接送过程的管理，保障学生的人身安全，避免错接、漏接情况的发生，特制定本制度。

一、跟车老师必须在乘车前仔细核对乘车名单，与班级老师确认核实当日乘车名单及人数无误后，方可上车。

二、如有学生因特殊原因更改上车、下车地点或被家长接走，班级老师必须和跟车老师特别说明，以免遗漏。

三、跟车老师在跟车过程中，必须对照乘车名单，确认每个站点上、下车的学生，并在每个相应的名字后打钩确认。

四、跟车老师在跟车结束前，必须对整个车厢进行检查，确认没有一个学生被遗留在车上。

五、督促校车司机必须保持车辆匀速行驶，并避免一切不安全驾驶的行为，杜绝闯红灯。检查校车司机在接送的过程中是否正确在各站点停靠，无论该站点是否有人上下车。

六、提醒校车司机必须在学生上车坐稳后，跟车老师示意可以开车，方可启动车辆前行。

七、跟车老师在学生上车后，迅速安排学生坐稳，不得大声斥责学生，不允许做与工作无关的事情。

八、司机每次在跟车后，打扫车内外的卫生。

以上制度，请跟车老师和司机严格遵守，如有违反，每次扣________元。

第四节　各地校外托管机构管理法规解读

一、深圳市关于校外托管机构相关规定

（一）校外午托机构定义

深圳市对校外午托机构定义为“受中小学生监护人委托，为中小学生在上午放学后下午上课前在学校以外提供午餐、午休等公益性服务活动的单位。”

（二）相关部门职责

1.教育行政部门

教育行政部门是校外午托机构的业务主管部门。市教育行政部门负责全市校外午托政策的调研、制定、组织实施和监督管理工作，区教育行政部门负责辖区内校外午托的政策实施和校外午托机构设立审查及监督管理工作。

2.其他机构职能部门

（1）各区政府及街道办事处负责辖区内校外午托机构的日常管理和协调工作。

（2）民政部门依法负责校外午托机构的登记管理工作。

（3）卫生行政部门依法负责自行配餐的校外午托机构的卫生审批及监督检查工作。

（4）公安消防机构依法负责校外午托机构的消防审核验收和监督检查工作。

（5）食品药品监督部门依法负责组织、协调涉及校外午托机构重大食品安全事故的调查处理工作。

（6）街道综合执法部门负责无证及未经登记的校外午托机构的查处工作。

（7）公安派出所依法负责辖区内校外午托机构及周边区域的治安监督管理工作。

（三）审批登记事项

1.可以申请设立的团体和个人

（1）社区居委会和校外培训机构可以申请设立校外午托机构，纳入社区服务

的范围。

（2）企业、社会团体、其他社会力量以及公民个人（以下简称设立者）可以申请设立校外午托机构。

（3）有本市户籍和在本市有固定住所的公民个人可以优先设立校外午托机构。

2.必须满足的条件

设立校外午托机构，应当具备下列条件：

（1）有规范的名称和必要的组织机构。

（2）有必要的场地、设施和与午托服务相适应的人员。

（3）利用非国有资产设立。

（4）有30 000元以上资金。

（5）符合法律、法规和规章规定的卫生和消防条件。

（6）法律、法规和规章规定的其他条件。

3.相关证件办理

（1）设立校外午托机构，设立者应当根据卫生法律、法规、规章的规定取得卫生行政许可，但不自行配餐的校外午托机构除外。

（2）校外午托机构的场所或建筑应当符合消防法律、法规和规章规定的安全条件，除建筑原使用功能（用途）是作为中小学生相应年龄段的住宿或活动场所外，其他的场所或者建筑改建为校外午托机构的，应当依法取得消防行政许可。

4.提交申请所需材料

设立校外午托机构，设立者应当提交的材料见表6-1。

表6-1　提交申请所需材料

教育行政部门	民政部门
（1）申请报告，内容应当包括名称、组织机构、人员、食品加工区、周边环境、拟接收午托学生人数、内部管理体制、经费筹措与管理使用 （2）设立者的姓名、住址或者名称、地址 （3）机构章程 （4）资产来源及产权、资金数额等有效证明文件 （5）场地、设施的所有权或使用权证明材料 （6）按规定应当取得卫生行政许可的，还应当提交卫生行政许可证明	（1）登记申请书 （2）教育行政部门的批准文件 （3）场地所有权或使用权证明 （4）验资报告 （5）校外午托机构负责人的基本情况、身份证明

5.变更登记

校外午托机构具有以下情形之一的，应当经所在区教育行政部门审查同意，并在30日内向所在区民政部门申请变更登记。

（1）名称或场所变更。

（2）投资主体或资金变更。

（3）法定代表人或主要负责人变更。

（4）服务范围变更。

（5）章程修改。

（6）改变卫生或消防安全条件的，还应当按规定取得卫生行政许可或消防行政许可。

6.注销登记

校外午托机构解散或者由于其他原因需要注销登记的，应当向登记管理机关办理注销登记，并按民办非企业单位的规定完成清算工作。

（四）服务要求

校外午托机构应该满足的服务要求见表6-2。

表6-2　　校外午托机构服务要求

序号	类别	具体要求
1	建筑物	（1）设在建筑物的三层以下，建筑物应当符合结构安全要求，不得是工业厂房、地下室、仓储建筑或违法建筑 （2）场地建筑面积应当在80平方米以上，午托学生人均建筑面积应当在4平方米以上
2	工作人员	（1）无犯罪记录，身体健康，没有精神性疾病、传染性疾病或其他可能影响中小学生健康与安全的疾病 （2）每年安排工作人员体检，工作人员持有卫生部门颁发的健康合格证方可上岗 （3）根据午托学生人数配备工作人员，午托学生在25人以下的，应配备两名以上工作人员，每增加20名午托学生，应相应增加1名工作人员

续表

序号	类别	具体要求
3	安全保障	（1）安排专人接送午托学生，保障学生上午放学后到校外午托机构及午托后返校的安全 （2）未接到午托学生的，应及时通知学生监护人和学生所在学校并积极寻找 （3）中小学生午休时始终有工作人员看管 （4）出现紧急情况时应当及时救助午托学生并通知学生监护人和学生所在学校
4	卫生管理	（1）保证午托环境、生活用品的卫生，严防传染病 （2）就餐环境、餐具等设施应符合卫生要求，实行分餐制 （3）配餐合理，营养符合国家规定的中小学生营养标准，每周制定食谱，并在就餐场所公示 （4）建立食品留样制度，并配备食品留样的专用容器和设施 （5）不得制售冷荤、凉菜等易导致食品安全事故的午餐 （6）自行配餐的校外午托机构，应当从正规渠道采购食品及原料，做好采购台账记录并保留1个月，不得购买来源不明的食品和原料 （7）不自行配餐的校外午托机构，应当在卫生行政部门许可的餐饮企业或质量技术监督部门许可的食品生产企业外卖配餐
5	安全管理	（1）保证食品安全卫生，严防食物中毒及传染病 （2）发生食物中毒、传染病及其他卫生突发事件，及时采取措施制止，防止事态扩大，立即向所在区卫生行政部门和教育行政部门报告，并通知学生监护人及其学校 （3）预防和避免暴力事件，保护午托学生人身不受伤害
6	其他事项	（1）合理收取午托费用，并公示收费标准 （2）对午托学生登记造册，并将在本午托机构午托的学生名册及专门接送人员身份证明提交学生所在学校 （3）除特殊情况外，校外午托机构不得安排车辆接送午托学生 （4）校外午托机构应当与午托学生监护人签订《中小学生午托服务委托协议书》，明确委托期限、收费标准、双方权利义务以及违约责任 （5）鼓励校外午托机构购买人身意外伤害保险等商业保险，分担午托期间的各种风险

（五）法律责任

校外午托机构须承担的法律责任见表6–3。

表6-3 校外午托机构须承担的法律责任

规定事项要求	法律责任
卫生或消防法律、法规和规章规定	由卫生行政部门或公安消防机构依法处罚
校外午托机构应设在建筑物的三层以下，建筑物应当符合结构安全要求，不得是工业厂房、地下室、仓储建筑或违法建筑。校外午托机构场地建筑面积应当在80平方米以上，午托学生人均建筑面积应当在4平方米以上	由所在区教育行政部门责令改正，并处以2 000～5 000元罚款
（1）校外午托机构的工作人员应当无犯罪记录，身体健康，没有精神性疾病、传染性疾病或其他可能影响中小学生健康与安全的疾病 （2）校外午托机构应当每年安排工作人员体检，工作人员持有卫生部门颁发的健康合格证方可上岗	由所在区卫生行政部门责令改正，并处以2 000～5 000元罚款
校外午托机构应当根据午托学生人数配备工作人员，午托学生在25人以下的，应配备两名以上工作人员，每增加20名午托学生，应相应增加1名工作人员	由所在区教育行政部门责令限期改正；逾期不改正的，由所在区教育行政部门处以2 000～5 000元罚款。
校外午托机构应当履行以下安全保障义务： （1）安排专人接送午托学生，保障学生上午放学后到校外午托机构及午托后返校的安全 （2）未接到午托学生的，应及时通知学生监护人和学生所在学校并积极寻找 （3）中小学生午休时始终有工作人员看管 （4）出现紧急情况时应当及时救助午托学生并通知学生监护人和学生所在学校	由所在区教育行政部门处以2 000～5 000元罚款；造成严重后果的，由所在区教育行政部门处以20 000元罚款

续表

规定事项要求	法律责任
除特殊情况外，校外午托机构不得安排车辆接送午托学生	由公安交警部门责令改正，并处以2 000～5 000元罚款；造成严重后果的，处以20 000元罚款
未与午托学生的监护人签订《中小学生午托服务委托协议书》	由所在区教育行政部门责令改正；逾期未改正的，处以2 000～5 000元罚款
学校应当在开学后一个月内对本校学生在校外午托机构的午托基本情况进行统计并报所在区教育行政部门；发现安全隐患或者其他不利于学生成长问题的，应当及时报告所在区教育行政部门及相关部门	由教育行政部门责令改正并通报批评
学校及在职老师、其他工作人员不得设立校外午托机构，学校在职老师以及其他工作人员不得在校外午托机构兼职	由教育行政部门责令改正并依法给予处分
依据卫生或消防管理规定，被撤销卫生行政许可或消防行政许可	所在区教育行政部门应当依法撤销其批准文件，民政部门应当依法撤销其民办非企业单位登记
申请校外午托机构设立或登记时弄虚作假	批准部门应当依法撤销其批准文件，民政部门应当依法撤销其民办非企业单位登记
未经区教育行政部门批准或未经区民政部门登记	由街道综合执法部门依法取缔，并可依法对其财产予以查封、扣押
违反民办非企业单位管理法规规定	由民政部门依法处罚
校外午托机构的管理部门工作人员玩忽职守、徇私舞弊或未依照规定履行职责	依法给予处分；情节严重涉嫌犯罪的，依法移送司法机关追究刑事责任

二、西安市关于校外托管机构相关规定

《西安市学生校外托管就餐休息场所食品安全和住宿卫生管理办法（暂

行）》（后文简称《办法》），于2011年1月1日正式施行。

西安市并没有明确提出校外托管机构概念，只是提出了学生校外托管这个概念。但是，其提出了“小饭桌”这一概念，通过对该《办法》的解读，可以看出“小饭桌”与校外托管机构是同一概念，均是“为学生提供就餐和休息等服务的相对固定场所”。

因此，在西安开办校外托管机构，可以此《办法》为参考相关依据。

（一）小饭桌定义

小饭桌是指由公民、法人或者其他组织开办的，以赢利为目的，为学生提供就餐、休息等服务的相对固定场所。

（二）相关职责

1．经营者

小饭桌经营者应主动到所属街道办事处或乡镇政府进行登记备案，并签订承诺书，承担食品安全和卫生安全第一责任人的责任。

2.政府职能部门

政府职能部门应及时将登记备案情况通报食品药监、卫生、教育部门，同时在学校周边、社区（村组）等一定范围内将小饭桌经营者的备案登记情况进行公示。

相关部门具体职责见表6-4。

表6-4　相关部门具体职责

部门类别	具体职责
食品药品监督管理部门	对小饭桌经营者、餐饮服务行为的监督检查
卫生行政部门	对小饭桌经营者住宿卫生的监督检查
教育部门	在校内开展健康教育活动，引导学生、家长选择符合条件的小饭桌；配合街道办事处及乡镇政府开展对小饭桌的摸底调查和登记备案工作
各街道办事处、乡镇政府及各有关部门	结合各自职责，对小饭桌经营者开展经常性的食品安全、卫生安全知识宣传教育

续表

部门类别	具体职责
各级食品药品监督管理部门、卫生行政管理部门	（1）向社会公布投诉举报电话 （2）对群众投诉多、卫生环境差、基本设施不到位、管理混乱的小饭桌经营者，由食品药品监督管理部门、卫生行政部门、教育部门配合其所在地的街道办事处、乡镇政府予以查处

（三）食品安全要求

（1）经营地点不得设在易受到污染的区域，食品加工及用餐场所面积应与服务学生数量相匹配，有相对独立的食品加工操作间、用餐间、卫生间等固定场所，供餐实行分餐制。

（2）应有充足的水源，供水应能保证小饭桌经营需要，水质应符合GB 5749-2006《生活饮用水卫生标准》规定。

（3）加工场所应当有上下水，地面使用不透水、不易积垢、易清洗、防滑的材料铺设，墙壁有1.5米以上瓷砖制成的墙裙，天花板采用防霉、防水材料涂覆，有固定专用清洗水池，有通风排烟设施，窗户应有防蝇纱网。

（4）配备与服务学生数量相匹配的食品储存冷冻冷藏设施，原料、半成品、成品分开存放。

（5）配备能正常运转的消毒、保洁设施以及废弃物暂存设施，废弃物容器应配有盖子。

（6）加工食品的工具、容器必须做到生熟分开，用后洗净，保持清洁，定期消毒。餐具每餐前必须经过清洁消毒，消毒后的餐具必须储存在专用保洁柜内备用。已消毒和未消毒的餐具必须分开存放，保洁柜上应有明显标志。餐具保洁柜应当定期清洗，保持清洁。未经消毒的餐具不得使用，严禁重复使用一次性餐具。

（7）食品必须当餐加工，不得使用隔餐的剩余食品，严禁提供未经烧熟煮透的食品。严禁向学生提供《食品安全法》第二十八条规定的食品。

（8）采购食品和食品原料要专人负责、定点采购，做好采购记录并索要凭证。禁止采购、加工和提供凉拌菜，定期检查储存的食品，及时清理变质或超过保质期的食品原料。

（9）每餐供应的食品成品应留样。留样食品按照品种分别盛放于清洗消毒后的专用密闭容器内，在冷藏条件下存放48小时以上，每个品种留样量不少于100克。

（四）休息场所卫生要求

（1）休息场所的面积应与服务学生数量相匹配，有相对独立的休息室。一人一床，床与床之间有一定间距，不得设置通铺。

（2）口杯、毛巾、床单、被褥等用品专人专用，及时清洗，定期消毒，并配有标志，不得混用混放。

（3）休息场所必须保持环境干净整洁，采光通风良好，每天开窗通风至少两次，每次时间不少于30分钟。

（4）卫生间采用水冲式，地面、墙壁、便池等采用不透水、易清洗、不易积垢的材料。设洗手池，设有效排气装置。每天应对地面、洗手池、便池进行清洗消毒。

（五）从业人员要求

（1）配备2名以上从业人员，从业人员必须掌握有关食品安全、公共场所卫生、传染病防治的基本知识。

（2）从业人员每年必须进行健康检查，取得健康证后方可参加工作。

特别提示

凡患有痢疾、伤寒、病毒性肝炎等消化道传染病的人员，以及患有活动性肺结核、化脓性或渗出性皮肤病等有碍食品安全疾病的人员，不得从事直接为学生服务的工作。

（3）从业人员有咳嗽、腹泻、发热、呕吐等症状时，应立即脱离工作岗位，经治愈后，方可重新上岗。

（4）从业人员应有良好的个人卫生习惯，必须做到以下几点：

✓工作前、处理食品原料前、便后用肥皂及流动清水洗手，接触直接入口的食品之前应洗手消毒。

✓穿戴清洁的工作衣、帽，并把头发置于帽内。

✓不得留长指甲，涂指甲油，戴戒指、手表等进行食品加工。

✓不得在经营场所内吸烟。

✓不得有面对食品打喷嚏、咳嗽以及其他有碍食品卫生的行为。

（六）突发事件应急处理

（1）建立食物中毒及其他食源性疾患、公共场所危害事故等的报告制度、应急预案和处置机制。

（2）发生食物中毒或疑似食物中毒事故后，应立即采取以下措施：

✓立即停止经营活动，并向本辖区食品药品监督管理部门、卫生行政部门和教育部门报告。

✓协助有关部门和机构救治病人。

✓保留造成食物中毒或可能导致食物中毒的食品、原料、工具、设备和现场。

✓配合食品药品监督管理部门、卫生行政部门进行调查，并如实提供有关材料和样品。

✓落实食品药品监督管理部门、卫生行政部门要求的其他措施，把事态控制在最小范围。

三、郑州市关于校外托管机构相关规定

现在，郑州市还没有出台正式的托管机构管理规定，只是发布了由郑州市教育局起草的《郑州市午托机构管理暂行办法》（征求意见稿）（后文简称《办法》）。在此，以该征求意见稿为范本进行解读，等到具体管理规定出台后，再进一步分析解读。

（一）午托机构定义

午托机构，是指受少年儿童监护人委托，为少年儿童提供午餐、午休等赢利性服务活动的机构。

（二）相关职能部门职责

相关职能部门职责见表6–5。

表6-5　　相关职能部门职责

序号	名称	职责
1	教育行政部门	午托机构业务主管部门。 （1）市教育行政部门负责全市午托政策的调研、制定、组织实施和监督管理、指导工作 （2）县（市）、区教育行政部门依法负责本辖区午托机构的设立审查及监督管理工作
2	县（市）、区工商行政管理部门	依据教育行政部门的审查意见进行午托机构的注册登记工作
3	公安机关及消防机构	（1）依法负责午托机构的消防安全监督抽查工作 （2）公安交通管理部门负责对午托机构学生接送的车辆及驾驶员进行管理 （3）各公安派出所负责辖区内午托机构及周边区域的治安监督管理工作
4	食品药品监督行政管理部门	依法负责午托机构的餐饮服务许可及监督检查工作
5	卫生行政管理部门	依法承担食品安全综合协调，组织查处食品安全事故
6	物价行政管理部门	负责对午托机构的收费行为实施监督管理
7	乡（镇）政府、街道办事处	协助做好辖区内午托机构的日常管理和协调工作

（三）开办经费要求

午托机构举办者应是具有法人资格的社会团体或其他社会组织，或者是具有完全民事行为能力的公民个人。举办者按规定应为午托机构提供必要的开办经费，见表6-6。

表6-6　　举办者开办经费

规模	开办经费要求
20人以下	（1）仅提供午餐的午托机构，开办经费不得少于1万元 （2）提供午餐和午休的午托机构，开办经费不得少于2万元

续表

规模	开办经费要求
20～40人	（1）仅提供午餐的午托机构，开办经费不得少于2万元 （2）提供午餐和午休的午托机构，开办经费不得少于3万元
40人以上	（1）仅提供午餐的午托机构，开办经费不得少于3万元 （2）提供午餐和午休的午托机构，开办经费不得少于4万元

（四）审批登记

1.提交资料（教育行政部门）

设立午托机构，设立者应当向所在县（市）、区的教育行政部门提出申请，并提交以下材料：

（1）申请报告。内容应当包括名称、组织机构、人员、食品加工场地及设施、周边环境、拟接收午托学生人数、内部管理体制、经费筹措与管理使用。

（2）设立者的姓名、住址或者名称、地址。

（3）机构章程。

（4）资产来源及产权、资金数额等有效证明文件。

（5）场地、设施的所有权或使用权证明材料。

（6）餐饮服务许可证。

2.其他部门

（1）午托机构持所在县（市）、区教育行政部门的审查意见，依据相关的法律、法规向所在县（市）、区的工商部门申请注册登记。

（2）午托机构持工商行政管理部门的午托机构营业执照到所在县（市）、区教育行政部门进行备案。

3.变更登记

午托机构具有以下情形之一的，应当经所在县（市）、区的教育行政部门审查同意，并在30日内向所在县（市）、区工商部门申请变更登记。

（1）名称或场所变更。

（2）投资主体或资金变更。

（3）法定代表人或主要负责人变更。

（4）经营范围变更。

（5）章程修改。

前款变更事项改变卫生或消防安全条件的，还应当按规定取得卫生行政许可或消防行政许可。

（五）服务要求

对于校外午托机构服务要求见表6-7。

表6-7　　校外午托机构服务要求

类别	服务要求
设置面积	（1）午托机构设置面积按照托管对象人均建筑面积3平方米以上 （2）具有相对独立的厨房、餐厅、盥洗室、休息室，房舍应自然采光为好，照明达标，水电齐全
消防安全	午托机构场所或建筑应当符合消防安全相关规定，必须安装紧急报警装置并与110联网，大门必须安装防盗门，窗户必须安装防盗网等
人员配备	午托机构工作人员与午托人数至少要按1：15的比例配备，工作人员应持健康合格证上岗，专人负责安全工作
食品安全	午托机构应建立食品留样制度，配备食品留样的专用容器和设施，应从正规渠道采购食品及原料或选择有资质的企业外卖配餐
人身安全	（1）午托机构的场所或建筑应当符合消防安全规定 （2）配备适合学生身高的桌、椅 （3）午休的双层床上下铺设置为一人一铺，且配有安全护栏 （4）床上用品须是合格产品
应急预案	建立必要的应急预案及突发事件处置预案。发生突发事件时，应及时采取措施制止，防止事态扩大，立即向所在县（市）、区相关部门报告，并通知学生监护人
其他	（1）午托机构应与午托学生监护人签订午托服务委托协议书，明确委托期限、收费标准、双方权利义务以及违约责任 （2）鼓励托管机构为托管学生购买人身意外伤害保险等商业保险，分担午托期间的管理风险

（六）责任追究

午托机构办理人员须按照《办法》执行，了解违反相应法规所须承担的责任，才能更好地遵章守法，具体见表6-8。

表6-8　　午托机构责任追究

违反事项	责任追究
午托机构有下列情形之一的： （1）超过核定托管人数 （2）未按《办法》配备工作人员 （3）未与托管学生监护人签订午托服务委托协议书 （4）管理混乱，造成不良社会影响	由所在县（市）、区教育行政部门予以责令改正
未经登记注册擅自开办，或者被撤销后仍继续开办的	由所在县（市）、区教育行政部门依法予以取缔
午托机构有下列情形之一，违反相关法律、法规、规章规定的： （1）涂改、出租、出借营业执照 （2）超出登记营业范围 （3）不按规定办理变更登记 （4）私自设立分支机构	由所在县（市）、区工商行政管理部门依法予以查处；构成犯罪的，依法移送司法机关追究其刑事责任
（1）午托机构的工作人员没有健康合格证，没有每年接受体检 （2）没有保证食品安全卫生，导致食物中毒或传染病 （3）没有建立食品留样制度，没有配备食品留样的专用容器和设施 （4）自行配餐的午托机构，未从正规渠道采购食品及原料，没有做好采购台账记录并保留一个月 （5）不能自行配餐托管机构，没有选择有资质的餐饮企业或食品生产企业外卖配餐	由所在县（市）、区食品药品监督行政管理部门责令改正，并依法予以查处
没有做好传染病防治工作	由所在县（市）、区卫生行政管理部门责令改正，并依法予以查处
违规收费或有其他价格违法行为	由所在县（市）、区物价行政管理部门予以查处
消防安全不符合规定	由公安机关及消防机构依法查处

四、济源市关于校外托管机构相关规定

（一）校外托管机构定义

校外托管机构，是指公民个人、企事业单位、社会团体或其他社会力量举办的，为未成年学生提供接送、住宿、就餐等服务的经营性机构。

（二）相关部门职责

校外托管机构相关部门职责，见表6-9。

表6-9　　校外托管机构相关部门职责

部门名称	部门职责
教育部门	（1）市教育局负责校外托管机构有关管理政策的调研、制定，督促学校加强对在外托管学生的管理 （2）学校协助镇（街道）对辖区内的校外托管机构进行日常监督管理 （3）各学校负责向学生公布经工商部门注册的校外托管机构名单，告知家长和学生到合法的校外托管机构，并对在外托管学生造册登记，制止无证托管机构到学校宣传和招收学生
工商部门	审核托管机构资质，为符合条件的校外托管机构办理注册登记手续；按照有关管理规定对校外托管机构进行监督管理；依法取缔无证的校外托管机构
卫生部门	对校外托管机构的饮食安全、传染病防控等进行监督检查管理，审核办理餐饮服务许可证
食品药品监督管理部门	协调督促有关部门加强对校外托管机构食品安全的监督管理，依法组织相关部门查处校外托管机构发生的食品安全事故
公安部门	（1）负责校外托管机构及周边区域的治安监督管理，对从事接送托管学生的车辆及驾驶员按道路交通安全相关法律法规进行管理 （2）协助做好非法校外托管机构的取缔工作
消防部门	负责对校外托管机构进行消防审核验收，并加强对校外托管机构从业人员消防知识、技能的宣传教育培训，指导其开展防火安全工作
住房和建设部门	对校外托管机构房屋安全情况进行监测和鉴定，并协调有资质的机构出具房屋安全鉴定报告书

续表

部门名称	部门职责
发展改革部门	对校外托管机构的收费行为实施监督、管理和备案
各镇人民政府（街道办事处）	（1）负责辖区内校外托管机构的日常监督管理、安全隐患排查，协助做好非法校外托管机构的取缔工作 （2）各社区居民委员会、村民委员会负责协助相关部门对辖区内的校外托管机构进行排查和日常监督管理，发现安全隐患的，应当及时报告所在地镇政府（街道办事处）
安监部门	对有关部门和单位履行校外托管机构安全监管职责进行监督、指导

（三）服务条件要求

开办校外托管机构，应当具备的条件，见表6-10。

表6-10　　服务条件要求

类别	具体要求
证照齐全	必须在工商部门登记注册，并持有餐饮服务许可证
经费保障	必须具有一定的资本实力和稳定、可靠的经费来源，对托管期间学生意外伤害和安全责任事故具有依法赔偿能力
学生生活设施	（1）相对独立、固定、安全的房舍，建筑面积在100平方米以上，容纳托管学生人数按人均建筑面积不低于4平方米核定 （2）人均住宿面积不低于2.5平方米，人均餐厅面积不低于1.5平方米，配齐配足学生生活、住宿的设施设备 （3）完善冬季取暖、夏季防暑设施，严禁使用明火、电暖器
工作人员	工作人员数量与接收托管的中小学生人数应当相匹配。规模在25人以下的，除有管理人员外，另外至少配有1名工作人员，接收托管学生每增加20人，至少应增加1名工作人员
卫生安全	（1）餐饮服务人员必须持有健康证，遵守餐饮服务行业有关食品安全的规定，依法经营，自觉接受相关部门的监督检查 （2）严格落实各项安全法律规定，保证学生托管期间安全

（四）登记备案

开办校外托管机构须持以下材料到工商部门审核，办理营业执照，并到教育部门登记备案。

（1）申请报告。内容应当包括申办人姓名、住址、组织机构、名称、人员、设施配备、周边环境、拟接收托管学生人数、内部管理体制、经费筹措与管理使用。

（2）申办者身份证明文件（须出具法人资格证明、居民身份证或户口本）。

（3）开办场所产权证明文件或合法使用证明文件、房间设置规划。

（4）公共场所消防验收备案文件。

（5）餐饮服务许可证。

（6）房屋安全鉴定机构出具的房屋安全鉴定报告。

（7）工作人员健康证。

（五）其他相关规定

（1）校外托管机构应当与学生监护人签订托管服务协议书，明确托管期限、时间、双方权利义务、违约责任等。托管服务协议书在签订后10日内报教育部门备案。

（2）校外托管机构内部不得进行教育培训活动。学校在职教师及其他公职人员不得设立校外托管机构，不得在校外托管机构兼职。

五、赤峰市关于校外托管机构相关规定

赤峰市位于内蒙古自治区东南部，总面积约9万平方公里，辖3区7旗2县，总人口461万，是内蒙古第一人口大市。

赤峰市于2011年11月1日起施行《赤峰市学生校外托管机构管理暂行办法》（后简称《办法》）。

（一）学生校外托管机构定义

学生校外托管机构是指由公民、法人或者其他组织开办的，以方便家长为目的，为学生提供住宿、休息、餐饮等公益性和服务性相结合的固定场所。

（二）相关部门职责

学生校外托管机构实行“以县为主，属地管理”“谁主管，谁负责”的管理体制，由教育、工商、食品药品监督、卫生、公安、苏木乡镇政府等行政部门共同监督管理。相关部门职责，具体见表6-11。

表6-11 相关部门职责

部门名称	部门职责
教育行政部门	规范学校对被托管的学生开展有针对性的安全教育及防火、防震等逃生演练，禁止在职教职员工开办或兼职学生校外托管机构，禁止学校和教职员工向学生或家长推荐学生校外托管机构，教育引导学生和家长拒绝未经许可的学生校外托管机构
工商行政部门	对学生校外托管机构经营活动的监督管理，审核资质，办理注册登记手续
食品药品监管行政部门	对学生校外托管机构食品安全的监督管理，核发餐饮服务许可证（此项工作在未移交食品药品监管行政部门之前由卫生行政部门负责）
卫生行政部门	对学生校外托管机构的传染病预防、消毒措施的监督管理，负责从业人员的健康体检
苏木乡镇政府、城区街道办事处	协助相关部门对辖区内学生校外托管机构日常活动的监督管理
公安行政部门	负责对学生校外托管机构消防安全的监督管理

（三）审批程序

开办学生校外托管机构按下列程序进行：

（1）到工商行政部门办理申请学生校外托管机构名称预核准。

（2）到食品药品监督管理行政部门办理餐饮服务许可证。

（3）到卫生行政部门办理从业人员体检及健康证。

（4）到公安行政部门申请消防安全检查。

（5）出具场所为100平方米以上并符合安全标准的三层以下建筑的有效证明。

（6）在居民楼内开办学生校外托管机构的，应当经由有利害关系的业主签字同意并加盖社区居民委员会或村民委员会公章。

（7）出具流动资金不低于 3 万元人民币的有效证明。

（8）根据开办者申请的经营范围，持法律法规规定的前置审批手续，到工商行政部门办理工商注册登记，领取营业执照。

（四）申办要求

校外托管机构申办要求，具体见表6-12。

表6-12　　校外托管机构申办要求

类别	具体要求
开办人员	公民、法人、社会团体或其他社会力量符合本《办法》规定的，可以申请开办学生校外托管机构，但在校教职员工除外
服务时间	自行设定
服务内容	为学生提供就餐和相应的休息、活动场所，不得开展教育培训活动，也不得从事与学生校外托管工作无关的其他业务
场地	远离污染区和危险源，禁止在厂房、地下（半地下）室、仓库、违法建筑内设置学生校外托管机构
人员配备	学生校外托管机构应配备主管1名，其他工作人员与学生至少按1：30的比例配备
安全保障	（1）根据托管服务协议书的条款保障学生在学校与学生校外托管机构之间、学生校外托管机构与学生家庭住所之间的在途安全 （2）学生未按时到达学生校外托管机构的，应及时通知学生监护人和学生所在学校，并积极寻找，必要时立即报案 （3）学生在托管时间内必须始终有工作人员看管 （4）发生突发事件时，应立即保护、救助学生，并及时通知学生监护人和学生所在学校
食品卫生	（1）保证托管环境、生活用品的卫生，严防传染病 （2）保证食品安全卫生，严防食物中毒 （3）就餐环境、餐具等设施要符合卫生要求，实行分餐制 （4）配餐要合理，营养标准应符合国家规定的中小学生营养标准，每周制定食谱并在就餐场所公示

续表

类别	具体要求
食品卫生	（5）建立食品留样制度，配备食品留样的专用容器和专用设备 （6）不得制售冷荤、凉菜及其他容易导致食品安全事故的食品 （7）自行配餐的，应当从正规渠道采购食品及原料，做好采购台账记录并保留1年，不得购买来源不明的食品和原料 （8）不自行配餐的，应当与取得餐饮服务许可证的餐饮企业签订配餐协议，为学生提供安全卫生的饮食
设施用品	（1）一人一床，床与床之间有一定间距，不得设置通铺 （2）餐饮器具、洗涤用具、床上用品每人一套，有标志、不得混用，每日清洁，灭菌消毒
收费标准	学生校外托管机构制定的收费项目及标准应当在服务场所明显位置公示。必须按有关规定建立财务管理制度，单列餐饮费用，做到专款专用。要制定退费制度并告知学生监护人
应急预案	（1）学生校外托管机构发生食物中毒、传染病或其他突发卫生事件，应当及时采取措施，防止事态扩大，并立即向属地教育部门、食品药品监督部门、卫生部门报告，同时通知学生的监护人及所在学校 （2）学生校外托管机构应当预防和避免暴力事件，保护被托管学生，使之身心不受到伤害
其他事项	（1）学生校外托管机构必须履行消防安全职责，遵守消防法律法规和有关规定，加强消防安全管理 （2）学生校外托管机构使用学生接送车的，必须符合《赤峰市运载学生交通安全管理办法（试行）》的相关规定，并自行承担费用 （3）学生校外托管机构应当对托管学生登记造册，并将托管学生名册及对应的接送人员等资料报学生就读的学校及所在社区居委会或村委会

（五）法律责任

校外托管机构法律责任，具体见表6-13。

表6-13　　校外托管机构法律责任

事项	法律责任
未经许可擅自开办的，或者被撤销许可后仍继续开办的	（1）食品药品监管部门、工商行政管理部门一经发现要立即予以取缔，并依法予以处罚 （2）教育、卫生、公安、苏木乡镇政府及城区街道办事处一经发现要立即通报给食品药品监管部门、工商行政管理部门并依权限进行查处
学校或教职员工向学生或家长推荐学生校外托管机构的	属地教育行政部门予以批评教育，情节严重的，给予行政处分
有下列情形之一的： （1）在职教职员工开办或兼职学生校外托管机构 （2）开展教育培训	由属地教育部门予以查处，拒不改正的报请工商部门吊销营业执照
学生校外托管机构有下列情形之一的： （1）涂改、出租、出借营业执照，或者出租、出借印章 （2）在学生校外托管机构从事其他业务活动 （3）拒不接受或者不按照规定接受监督检查	（1）由工商部门予以警告，责令改正；情节严重的，予以撤销登记；构成犯罪的，依法追究刑事责任 （2）前款规定的行为有违法所得的，予以没收，并处以罚款
未经消防安全检查或者经检查不符合消防安全要求，擅自投入使用、营业的	由公安部门依照有关规定予以处罚
申请学生校外托管机构开办或登记时提供虚假材料，弄虚作假	有关部门应当依法撤销其行政许可

本章习题：

1. 午托班的管理制度包括哪些内容？

2. 午托班的消防安全管理制度主要包括哪些内容？

3. 午托班的厨房管理制度主要包括哪些内容？

4. 午托班的午餐管理制度主要包括哪些内容?

5. 午托班的午休管理制度主要包括哪些内容?

6. 午托班学生接送管理制度包括哪些内容?

7. 午托班的班车管理制度包括哪些内容?

8. 午托班的老师管理制度包括哪些内容?

附录　××区校外午托机构申报设立审批表

拟办校外午托机构名称：____________________

敬告

1. 在签署文件和填表前，申请人应当阅读《深圳市校外午托机构管理办法》及其他法规文件，并确知其享有的权利和应承担的义务。

2. 申请人对其所提交的文件、证件的真实性、有效性和合法性承担责任。

3. 申请人提交的文件、证件应当是原件，确有特殊情况不能提交原件的，应当提交加盖公章的文件、证件复印件。

4. 申请人应当使用钢笔、毛笔或签字笔工整地填写申请书或签字。

5. 申请人提交的文件、证件应当规整、洁净、不得涂抹。

现申请校外午托机构设立。本审批表填报内容及所附属文件符合国家有关法律法规的规定，不含虚假成分，谨此确认。

申请人签字（盖章）：____________

申请日期：　　年　　月　　日

××区教育局制

一、简况表

设立者（单位或个人）			
联系电话			
拟设立午托机构名称			
拟设立午托机构详细地址			
拟设立午托机构负责人（法定代表人）		联系电话	
开办资金（万元）		资金来源	
建筑面积（平方米）		所在楼层	
场地使用方式	自有□ 租赁□ 无偿使用□ 其他□（说明： ）		
建筑类型			
管理人员人数		工作人员人数	
配餐来源	自行配餐□ 外卖□（提供配餐企业名称： ）		
拟接收学生人数			

二、设立者情况表（单位设立者填写）

单位名称					
证书（执照）编号					
住　所					
电　话			邮编		
法定代表人或负责人		职务		电话	
上级业务主管部门				电话	
申办单位意见	单位盖章： 负责人（签名）： 年　月　日				
申请单位上级业务主管部门意见	单位盖章： 年　月　日				

注：本表须附申办单位证书及组织机构代码证复印件、法定代表人或负责人证明原件及身份证复印件。有多个设立者的，每个设立者各填写一份。

三、设立者情况表（个人设立者填写）

<table>
<tr><td>姓 名</td><td></td><td>性 别</td><td></td><td>民族</td><td></td><td colspan="2" rowspan="4">照片</td></tr>
<tr><td>政治面貌</td><td></td><td>文化程度</td><td colspan="3"></td></tr>
<tr><td>出生日期</td><td></td><td>身份证号</td><td colspan="3"></td></tr>
<tr><td>技术职称</td><td></td><td>本人签名</td><td colspan="3"></td></tr>
<tr><td>户 口
所在地</td><td colspan="7"></td></tr>
<tr><td>家庭住址</td><td colspan="3"></td><td>邮编</td><td></td><td>电话</td><td></td></tr>
<tr><td>人事关系
所在单位</td><td colspan="5"></td><td>电话</td><td></td></tr>
<tr><td>公安机关出具的无犯罪记录证明（可另附页）</td><td colspan="7"></td></tr>
<tr><td>身份证复印件粘贴处（可另附页）</td><td colspan="7"></td></tr>
</table>

注：有多名设立者的，每名设立者各填写一份。

四、拟任机构负责人（法定代表人）情况表

姓名		性别		民族		照片
政治面貌		文化程度				
出生日期		身份证号				
技术职称		本人签名				
户口所在地						
家庭住址		邮编		电话		
人事关系所在单位				电话		

本人简历

何年月至何年月	在何地区何单位	任（兼）何职

身份证复印件粘贴处（可另附页）	公安机关出具的无犯罪记录证明（可另附页）

五、设立者出资情况表

设立者姓名（名称）	出资方式	出资额（万元）	出资比例（%）	备注

各设立者签字（盖章）确认	
设立者签字（盖章）： 年 月 日	设立者签字（盖章）： 年 月 日
设立者签字（盖章）： 年 月 日	设立者签字（盖章）： 年 月 日

六、内部组织机构情况表

部门名称	负责人	工作人员人数

七、拟聘任工作人员情况表

工作人员人数（人）	管理人员人数	其他工作人员人数	合计

	姓　名	性别	年龄	学历	职称	拟任职务	身份证号码
管理人员							
	姓　名	性别	年龄	学历	职称	拟任职务	身份证号码
其他工作人员							

本页写不下可另附页。

八、设施设备情况表

	名 称	单位	数 量	折合现值	名 称	单位	数量	折合现值
设施设备								
					合 计			

九、审批

街道教育办意见	学生数： 盖章 年 月 日	
社管科现场检查情况	建筑面积	
	是否符合设置标准	
	拟批准接收学生数	
	检查人员签名	
社管科意见	盖章 年 月 日	
局领导审批	局领导签字： 年 月 日	
批准文号及日期		
备注		